ABISMO
QUANDO O FIM SE TORNA RECOMEÇO

LÉO ALVES

Copyright© 2017 by Literare Books International.
Todos os direitos desta edição são reservados à Literare Books International.

Presidente:
Mauricio Sita

Capa e diagramação:
Lucas Chagas

Revisão:
Bárbara Cabral Parente

Gerente de Projetos:
Gleide Santos

Diretora de Operações:
Alessandra Ksenhuck

Diretora Executiva:
Julyana Rosa

Relacionamento com o cliente:
Claudia Pires

Impressão:
Rotermund

Dados Internacionais de Catalogação na Publicação (CIP)
(Câmara Brasileira do Livro, SP, Brasil)

```
Alves, Léo
    Abismo / Léo Alves. -- São Paulo : Literare Books
International, 2017.

    ISBN 978-85-9455-052-1

    1. Carreira profissional 2. Depressão
3. Experiências de vida 4. Família - História
5. Histórias de vida 6. Perdas 7. Relatos
8. Superação I. Título.

17-10678                                         CDD-920
```

Índices para catálogo sistemático:

1. Superação : Histórias de vida   920

Literare Books
Rua Antônio Augusto Covello, 472 – Vila Mariana – São Paulo, SP.
CEP 01550-060
Fone/fax: (0**11) 2659-0968
site: www.literarebooks.com.br
e-mail: contato@literarebooks.com.br

Este livro foi viabilizado por meio de financiamento coletivo.

ADRIANO XAVIER   ALEX SILVA   ANA SILVIA COSTA   ANDRÉ LUIZ LIMA   ANTÔNIO CARLOS   ARTHUR ZOÉGA   AUDREY DE CASTRO   BIA DINIZ   BRUNO BRUHNS   CAMILLA ROSA   CARLO ANDREY   CECILIA OROSCO   CELEIDE CRUZ   CIBELLE SILVA   CINTHIA DALPINO   CLEUSA ALMEIDA   CRIS KIRSNER   CYDAIR   FILIPPE   DALCIELE PATRICIA   DANIEL DALMAZO   DANIEL ERIC   DANIELA LOPES   DANIELA ROSA   DANIELE WOLFART   DEIA VANNI   DENISE VERNI   DIANA WIDAR   DIEGO MOTTA   EDELCIO OLIVEIRA   EDUARDO FONSECA   ELIANA TAGUDI   ELIS SANTANA   ENIO SILVA   ÉRICA TENORIO   FABI CABRAL   FABIANA PADILHA   FABIANA SILVA   FÁBIO DI GIÁCOMO   FÁBIO RODRIGUES   FELIPE SIMÕES   FERNANDO OLIVEIRA   FRANCISCO ROSA   FREDERICO FERNANDES   GLADYS AJZENBERG   JACKSON RANGEL   JACQUELINE PEREIRA   JÔ CAMARGO   JOÃO ARGENTO   JOÃO DIMITRI   JOÃO FEITOSA   JOSÉ AMARAL   JOSÉ ANTÔNIO DE SIQUEIRA   JOSÉ HAMILTON   JOSEANE BRENDLE   JULIANA CALSA   JULIETA LINO   JULLIANA BRANDÃO   KLEBER ARAUJO

LAIS RODRIGUES LAURA MAGALHÃES LAURA ROSA LAUREN MELO LIENE ORTOLAN LORAYNE CHUFFI LUCIANA FUOCO LUIZ EGUCHI MARCELO ZOÉGA MARCOS FONTANELLA MARI MUNIZ MARIA BERNARDETE MARIA EUGÊNIA MARIA ISABEL MARIANA SIMÕES MARINA CARDENAZ MEIRELES MARINA GAMA MARLENE DE CASTRO MAURÍCIO SOBRAL MAURO DONEGAL MEIRE GOMES MICHELE ANDRADE MICHELE RODRIGUES MIGUEL PASSOS MIRA CASTRO MIRELLA NUNES MIRIAN CASTRO NAIRLENE ALMEIDA OSWALDO NETO PATRICIA LETTY PATRICIA MANSUR PAULA SARTINI PEDRO ROSA RAPHAEL BELLO RAFAEL PAVARINE RAPHAELA DE CASTRO RENATA MENDONÇA RITA BERTOLI ROBSON PRADO ROSA ALONSO ROSANE ALMEIDA ROSEMEIRE PEREIRA ROSIANI DE ABREU RUBENS LEONESE SAUL ALVES SERGIO IKUNO SHEILA HOLZMANN SOFIA DIAS SONIA REGINA STEPHANIE T. IKUNO THALYTA BAIÃO VALÉRIA PRADO VERA DONEGAL VERA ROSA VICTOR GARANI ZÉ DE CASTRO

*Às pessoas que mais amei e amo nesta vida! Minha mãe Marlene de Castro, minha avó materna Maria Iracy (em memória), meu irmão Francisco Pinheiro Júnior (em memória), minha esposa Daniela Rosa, meu filho Pedro Rosa, minha filha Laura Rosa, meu pai de coração João Argento e sua família.
É a vocês que dedico este livro.*

Em memória de Francisco Pinheiro Júnior

AGRADECIMENTOS

A ideia de escrever um livro já existia há muitos anos, mas eu não tinha ideia do que escrever, e foi a partir de uma conversa informal, no início de 2017, com uma autora chamada Ana Silvia Costa, que tomei coragem e decisão de fazê-lo, devido ao seu incentivo, que foi seguido pelo apoio irrestrito de minha mãe, esposa e filhos.

Depois de ter passado pelo furacão de 2014 até 2017, sinto de coração que compartilhar minha história é extremamente desafiador e poder auxiliar outras pessoas que talvez estejam passando por um problema similar é incrivelmente motivador e recompensador.

Hoje, conseguir escrever sobre meu irmão com o coração repleto de felicidade por ter convivido com ele durante 33 anos me deixa muito feliz e estranhamente emocionado. Onde quer que esteja esse "cabeçudinho" (como eu o chamava), tenho certeza de que ele me orientou nesta obra.

Adicionalmente, não poderia deixar de citar alguns nomes que foram importantes nos passos até a conclusão desta obra: Cinthia Dalpino e Luciana Fuoco, que sempre me orientaram da forma mais profissional possível. A Fábio Di Giácomo, que brilhantemente conduziu minha turma de formação no *coaching*. À querida Ana Silvia Costa, que deu como exemplo a própria vida e se colocou sempre à disposição, e por último, mas não menos importante, à Daniela, uma parceira incansável e que me deu nesta vida os presentes mais belos e lindos que alguém pode ter: Pedro & Laura!

Eu, Laura, Pedro e Daniela, Nordeste, 2017.

Daniela, Laura, Eu e Pedro, Serras Gaúchas, 2015.

AGRADECIMENTOS AOS MEUS APOIADORES:

Adriano Xavier, Alex Silva, Ana Silvia Costa, Antônio Carlos Bruno, Arthur Zoéga, Audrey de Castro, Bia Diniz, Bruno Bruhns, Camilla Rosa, Cecilia Orosco, Celeide Cruz, Cibelle Silva, Cinthia Dalpino, Cleusa Almeida, Cydair Filippe, Dalciele Patricia, Daniel Dalmazo, Daniel Eric, Daniela Lopes, Daniele Wolfart, Deia Vanni, Denise Verni, Diana Widar, Diego Motta, Edelcio Oliveira, Eduardo Fonseca, Eliana Tagudi, Elis Santana, Enio Silva, Érica Tenório, Fabi Cabral, Fabiana Padilha, Fabiana Silva, Fábio Di Giácomo, Fábio Rodrigues, Felipe Simões, Fernando Oliveira, Francisco Rosa, Frederico Fernandes, Gladys Ajzenberg, Jackson Rangel, Jacqueline Pereira, Jô Camargo, João Dimitri, João Feitosa, José Antônio Prudente de Siqueira, José Hamilton, Joseane Brendle, Juliana Calsa, Julieta Lino, Kleber Araújo, Laura Magalhães, Lauren Melo, Liene Ortolan, Lorayne Chuffi, Luciana Fuoco, Marcos Fontanella, Mari Muniz, Maria Bernardete, Maria Eugênia, Maria Isabel, Mariana Simões, Marina Cardenaz Meireles, Marina Gama, Maurício Sobral, Mauro Donegal, Meire Gomes, Michele Andrade, Michele Rodrigues, Miguel Passos, Mira Castro, Mirella Nunes, Mirian Castro, Nairlene Almeida, Oswaldo Neto, Patricia Letty, Patricia Mansur, Paula Sartini, Rafael Pavarine, Raphael Bello, Raphaela de Castro, Rita Bertoli, Robson Prado, Rosa Alonso, Rosane Almeida, Rosemeire Pereira, Rosiani Ribeiro de Abreu, Rubens Leonese, Saul Alves, Sergio Ikuno, Sofia Dias, Sonia Regina, Stephanie T. Ikuno, Thalyta Baião, Valéria Prado, Vera Donegal, Vera Rosa, Victor Garani e Zé de Castro.

AGRADECIMENTOS MAIS DO QUE ESPECIAIS:

Os nomes a seguir foram mais do que apenas apoiadores, foram mais do que investidores, foram mais do que apenas amigos, eles demonstraram um carinho especial e são parte desta obra e de minha vida: **André Luiz Lima, Carlo Andrey, Cris Kirsner, João Argento, José Amaral, Julliana Brandão, Lais Rodrigues, Luiz Eguchi, Marcelo Zoega, Marlene de Castro, Renata Mendonça e Sheila Holzmann.**

SUMÁRIO

PARTE I - ABANDONO

1 Onde está meu pai? — 19
2 Lembranças perdidas — 25
3 Em família — 33
4 O telefone toca — 41

PARTE II - EM BUSCA DE MIM

5 Amizades: como pertencer sem se perder — 47
6 Carreira de sorte? — 55
7 Quero ter você como filho — 65
8 História de amor — 71
9 Para dentro de mim — 81
10 Que pai sou eu? — 89
11 Saúde em risco — 93
12 Minhas eternas crianças — 97
13 O reencontro — 103

PARTE III - VIDA POR UM FIO

14 Sala fria — 109
15 Palavra de mãe/ Olhar de Criança — 123
16 O acidente — 129
17 Último Natal — 139
18 Aceitando a dor — 145
19 Ponto de virada — 153
20 Revolução — 161
21 Em paz — 165
22 Não deixe para amanhã — 171
23 A morte não é nada — 177
24 Quarenta anos de vida! — 181

INTRODUÇÃO

Todos os dias, ao voltar para casa, eu fazia o mesmo caminho. Percorria quilômetros de estrada na Castello Branco, no escuro. Enquanto os carros passavam apressados por mim, meus pensamentos pareciam fluir cada vez mais lentos. Quanto mais os dias se passavam, mais minha mente e minha alma caminhavam para a escuridão total.

Seguia em frente, pela estrada, mas não via sentido naquela trajetória. Pedaços importantes de mim, pouco a pouco, estavam indo embora, e por mais que tentasse segurá-los todo esforço era em vão.

A dor de perder meu irmão me dilacerava dia após dia. A ausência do meu pai era a dúvida para a qual eu jamais conseguiria uma resposta. O trabalho que eu amava já não me satisfazia. Eu olhava para mim e não me encontrava.

Enquanto todas essas dores cresciam, eu seguia meu caminho, repetia a minha rotina sem saber o porquê de continuar. Nem as luzes dos carros apressados iluminavam o meu caminho, tudo era escuro e incerto. Então, eu decidi partir.

Agora eu estava naquela mesma estrada, dirigindo a caminho de casa, sozinho. Tudo que eu precisava fazer era acelerar, acelerar o máximo que eu pudesse e virar sutilmente o volante, dando um fim em toda aquela dor. Era muito simples, era fácil, eu sabia como fazer.

Quando meu pé se acomodou com força no acelerador do carro, olhei para a frente e dei de cara com o abismo em que eu me encontrava. Ele era tão profundo e tão dolorido, que eu só pensava em me livrar dele. De repente, no meio de toda aquela escuridão, em uma fração de segundo, pude ver Laura e Pedro, meus filhos, junto de Daniela, minha esposa. Também estava ali a minha mãe, e eu a vi sofrendo, mais uma vez, a perda de um filho.

Nessa hora, meu coração acelerou, os carros ao meu redor diminuíram a velocidade ao mesmo tempo em que meus pensamentos se multiplicavam. O ar me faltava. Eu precisava respirar. Veio uma dor imensa e eu gritei, com toda força que encontrei dentro de mim.

Olhei para o abismo e, por mais profundo que ele fosse, por mais difícil que pudesse ser sair dali, decidi que não poderia deixar de herança àqueles que eu mais amava o mesmo abismo do qual eu tentava me livrar com a morte.

Sim, eu pensei em minha morte. Planejei a minha morte. Desejei por muitos dias partir. Quase acelerei rumo a esse destino.

Quando olhei para o abismo e dentro dele vi as pessoas que eu mais amava, pude ter contato com a dor, o desespero, a solidão e a escuridão que eu traria para as pessoas mais importantes da minha vida. E então, naquele momento, eu decidi que morrer não seria a solução.

Foi em meu próprio abismo que encontrei o desejo de recomeçar.

1

ONDE ESTÁ MEU PAI?

PARTE I - ABANDONO

Morávamos em uma casa grande, um sobrado. Em minha percepção de criança, tudo tinha uma proporção maior e, para mim, minha casa era tão grande quanto um castelo. Subindo as escadas, o corredor dividia duas suítes. A do lado direito era compartilhada por mim, meu irmão e minha avó materna. Obviamente, a suíte do lado esquerdo era a de meus pais.

Eu tinha oito anos de idade. Era noite já e eu estava em meu quarto. Meu irmão estava com quatro anos e não me lembro de vê-lo em sua cama, mas tenho certa a presença de minha avó ali comigo. Da minha cama, pude ver meus pais em seu quarto tendo uma conversa. De repente, vi meu pai pegar duas malas e descer as escadas. Em seguida, minha mãe sentou na cama e começou a chorar.

Nas noites seguintes, passei a perguntar pelo meu pai. Eu não o havia visto durante o dia e, portanto, o estranhamento em relação a sua ausência era natural. Lembro-me de dizer para minha mãe: "Onde está o papai?". A resposta, no entanto, nunca foi sincera. Em nenhum momento eu e meu irmão fomos comunicados da separação. Não houve uma conversa. Não houve uma explicação.

Toda noite, quando perguntava a minha mãe onde estava meu pai, as respostas eram variadas: "Ele está viajando", "ele vai voltar mais tarde". Para tentar acolher minha angústia, minha mãe me afagava com um cobertor. O cheiro incrustado na trama da coberta se juntava ao carinho que ela me fazia e aquilo me trazia muito conforto. Só assim eu conseguia dormir.

Os dias, as semanas e os meses foram passando. Não sei por quantas noites perguntei pelo meu pai, mas sua ausência foi ficando tão grande e o vazio foi tomando tanto espaço que, com o tempo, comecei a me acostumar com a inexistência de sua presença – seja física ou virtual – e parei de perguntar.

Sem o aviso oficial da separação, nossa família continuou levando a vida. Para minha mãe, a sensação era de que "se não está sendo visto, não está sendo lembrado" e, então, ela se absteve por muitos anos de nos contar o que realmente havia acontecido.

> **"Pai e mãe** devem ser presença constante na vida do filho."
>
> Rosely Sayão

Meu pai ficou sem estabelecer qualquer tipo de contato conosco por muitos anos. Tenho em minha cabeça oito anos, mas essa quantidade pode ter uma sutil diferença.

Trazer essas lembranças à tona não foi um processo fácil, na verdade, elas foram bloqueadas por muito tempo. Por isso demorei tanto a entender o porquê de eu recorrer ao meu cobertor de infância, mesmo na vida adulta, quando me sentia abalado emocionalmente. Sim, até hoje mantenho o cobertor com o qual minha mãe me afagava nas noites em que eu sentia falta de meu pai. Ainda hoje, quando a angústia me invade, eu busco aconchego nesse cobertor. Mesmo que esteja muito calor, há dias em que só ele me ajuda a dormir. Por muito tempo eu não entendi essa dinâmica, mas, hoje, tenho clareza de como se estabeleceu essa dependência.

Ainda mantenho meu cobertor emocional, mesmo ele estando todo surrado de tanto que foi usado. Em casa, ele já acolheu a todos, inclusive minha filha Laura, que diz que ele é mais quentinho que os outros.

Aqui em casa sempre dizem que vão jogá-lo fora, e nesta hora meu coração dispara e peço que ainda não o façam, pois ainda não estou totalmente liberto dele.

Meu cobertor de 1980 e Laura, 2017.

Júnior, Eu e meu Pai, antes da separação, 1984.

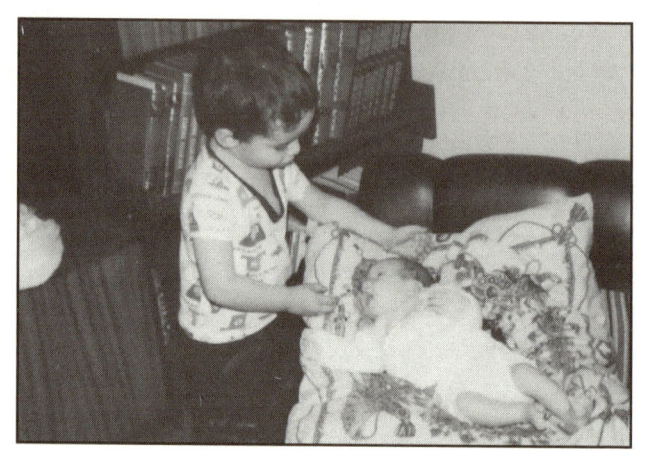

Eu e o Júnior, em casa, 1981.

Eu estudando para o vestibular, em casa, 1980.

2.

LEMBRANÇAS PERDIDAS

Eu me lembro da minha infância brincando na rua, pulando muro, apertando campainha, soltando bombinha nas caixas de correio; na verdade, eu era muito vida louca. Certa vez, roubei um carretel de linha em um supermercado. Eu e um amigo estávamos soltando pipa e precisávamos de linha, então ele teve a "ideia" de comprarmos no mercado, mas não tínhamos dinheiro. Lembro que estávamos sem camisa, apenas de shorts e chinelo e sujos de tanto brincar, mesmo assim entramos no estabelecimento, pegamos o carretel, colocamos na cueca e saímos.

    O esquema supersofisticado e que levamos semanas estudando – que nada! – funcionava assim: pegar, tirar da embalagem, colocar dentro da cueca, sair, deixar na pracinha e voltar para pegar mais. Na oitava vez que estávamos fazendo isso fomos pegos. Quando saía do supermercado, o guarda me pegou e perguntou o que eu tinha dentro do short porque ele estava muito volumoso. Eu devia ter dez anos quando isso aconteceu. Imagine, eu estava morrendo de medo. Em uma salinha, ele perguntou quantas vezes já havia feito aquilo e se eu pertencia a uma gangue (eu nem fazia ideia do que aquilo significava!). Minha resposta não poderia ter sido outra: "Ah, moço, uns oito". Felizmente, nada de sério aconteceu e eu só precisei devolver os carretéis furtados. Obviamente, a cena foi extremamente vergonhosa: pegamos os carretéis que estavam escondidos em uma moita e usamos nossas camisetas – que estavam sujas de terra – para carregar as linhas e devolver ao supermercado.

    Em outro momento, lembro-me de fugir de casa com a minha bicicletinha. Obviamente, não fui muito longe. Na verdade, não ultrapassei nem quatro quadras da minha casa. Mas, quando retornei, em frente a minha casa havia polícia, vizinhos e minha família desesperada. Ao me ver, minha mãe veio correndo ao meu encontro. Pensei que ela ia dizer que me amava, que não vivia sem mim e que havia ficado preocupada, mas a realidade foi outra: ela me carregou pela orelha até dentro de casa!

    Não é fácil admitir, mas eu tenho poucas lembranças da minha infância. Minha mãe é contadora e, quando era casada com meu pai, era sócia de um escritório. Depois da separação, ela vendeu sua parte e foi trabalhar em casa, como autônoma. É muito marcante para mim a lembrança dela trabalhando. Minha mãe sempre trabalhou muito e, por conta disso, não sobrava muito tempo para se envolver em atividades comigo, até porque seria difícil acompanhar as aventuras que eu inventava com os meus amigos. Eu morava perto de uma hípica e, nas noites mais quentes, pulávamos o muro e íamos nadar sem autorização nenhuma. O detalhe é que tirávamos a roupa e guardávamos próximo, e dá-lhe molecada pulando na piscina. Lembro-me que sempre, depois de uns três minutos, vinha um caseiro com uma espingarda na mão atirando para o alto e colocando todos para correr. Algumas vezes não conseguíamos pegar nossas roupas e eu ia embora apenas de cueca e todo molhado.

    Uma vez, me recordo também de estar com os amigos e estarmos enjoados de andar de bicicleta na rua, e assim levamos a bicicleta para o telhado de uma escola! Hoje em dia, só de pensar em tudo, me dá um frio na barriga de medo!

    Por outro lado, as poucas recordações que tenho com meu pai são permeadas por conflitos. As traquinagens de criança eram repreendidas com castigos e os famosos, porém nada corretos, tapas.

Nossa casa não tinha a entrada fechada. Na frente, uma grande porta de vidro era protegida por grades. Um dia, estava chovendo muito e um homem entrou correndo, todo molhado, e olhou para dentro da sala. Eu estava ali, assistindo desenho e ele falou que meu pai havia pedido para ele vir buscar o rádio. Em um primeiro momento, estranhei porque meu pai havia comprado o rádio há dois dias e ele estava funcionando. Mas eu era criança, e o homem insistiu que o rádio não estava funcionando. Lembro-me de colocar na tomada e, realmente, o aparelho não funcionar. Frente a essa minha constatação de eletricista, pedi para o homem esperar para que eu colocasse o aparelho em sua caixinha. Entreguei o rádio a ele e continuei vendo meu desenho feliz da vida e pensando que tinha feito algo importante, digno de quem é muito esperto. Quando meu pai percebeu que o aparelho não estava na sala, perguntou para mim onde estava o rádio. Sem hesitar, levantei como um super-herói e contei que havia entregado ao homem que ele tinha mandado para vir buscá-lo. A sinceridade e os meus super-poderes não foram suficientes para me livrar dos tapas, mas, na época, minha avó materna morava conosco e costumava me salvar um pouco dessas situações.

Minha mãe e minha avó materna, 1996.

Também me lembro de uma outra situação em que meu pai foi ao supermercado e comprou uma caixa daqueles geladinhos prontos, com desenhos de diferentes animais (É da sua época?), nada saudáveis e super gostosos para colocar no congelador. Quando ele chegou, eu estava deitado no sofá. No corredor, lá no fundo, ficava a cozinha e dava para vê-lo guardando as coisas. Enquanto ele guardava a compra, eu perguntava a cada dois segundos se o geladinho estava pronto. Fiz essa pergunta muitas vezes até que ele se irritou e começou a jogar os geladinhos de lá da cozinha em mim. Não satisfeito, fez eu tomar as dez unidades, , sem estarem congeladas, só o suco, de uma vez. Não curti muito, não!

Uma das últimas lembranças marcantes que tenho com ele foi o dia em que resolvi comprar lanche para toda a turma. Eu sempre pedia dinheiro para comprar um salgado na escola e, um dia, meu pai disse para eu pegar na carteira dele. Ao abrir a carteira de couro, vi que tinha muito dinheiro. Eu não sabia, mas ele tinha acabado de vender um carro. Então, peguei a carteira dele e fui com ela para a escola. Na hora do lanche, eu paguei para todo mundo. Eram tantos amigos comigo, estávamos comendo coisas tão gostosas, e nem imaginava o que estava por vir.

De repente, de longe, vejo uma pessoa da escola vindo em minha direção. Sua cara de assustada também me espantou e fez minha imaginação de criança ir longe: cada passo que ela dava, seu tamanho aumentava; quando se aproximou de mim parecia que estava medindo uns três metros de altura. E foi assim, toda agigantada, que me levou para sua sala, pois meu pai havia ligado para a escola para saber se eu estava com dinheiro. Cheguei em casa e tomei novamente um "corretivo".

Em uma das minhas sessões de psicanálise, comentei sobre o fato de não conseguir me lembrar da minha relação com meu pai ou com a minha mãe quando eu era pequeno. Na verdade, a lembrança das vezes em que apanhei é muito mais vívida do que momentos de carinho.

Sempre tive a sensação de que eu e minha mãe éramos mais próximos, enquanto meu pai era mais chegado ao meu irmão. Inclusive, tenho lembranças do meu pai brincando com meu irmão de uma forma mais divertida, em contrapartida, tenho registros parecidos mais com minha mãe.

Minha terapeuta acredita que eu devia sentir falta do meu pai e que, talvez, eu tenha bloqueado esse sentimento e essa lembrança. A verdade é que, conscientemente, eu não lembro de sentir falta do meu pai.

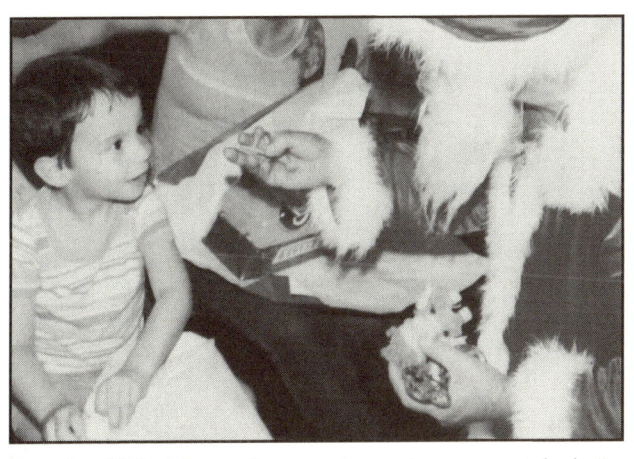

O papai noel "bêbado" tentando me enrolar para levar meu paninho, bicão e minha bonequinha, em casa, 1980.

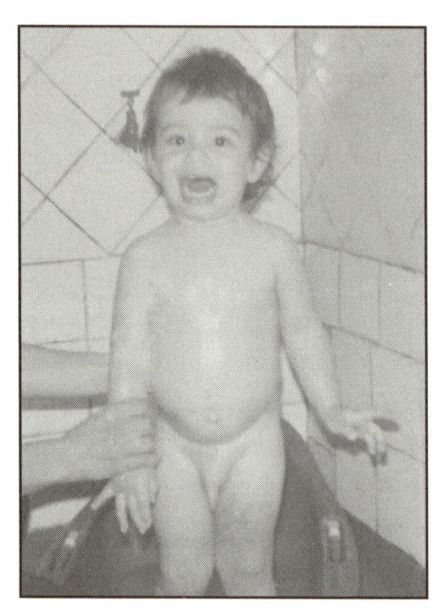

Nudes, 1978.

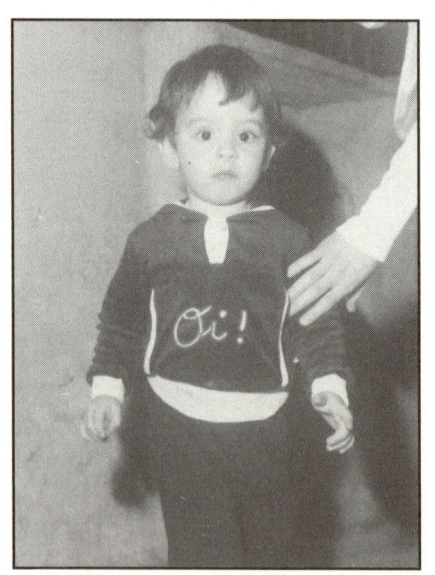

Whatsapp, 1978.

3

EM FAMÍLIA

Logo após a separação dos meus pais, duas tias queridas, Miriam e Mira, vieram morar conosco. Nessa época, a casa era muito movimentada, mas eu era moleque e vivia na rua, então não vivia muito essa dinâmica familiar. Uma lembrança forte que tenho era da minha avó. Toda vez que voltava do supermercado com a compra do mês, ela colocava tudo em cima da mesa da sala, chamava todos nós e fazia uma oração de agradecimento.

Minha avó me chamava de Riquinho, por causa do meu segundo nome, Henrique. Eu gostava muito dessa forma carinhosa com que me tratava, pois ela foi uma pessoa muito marcante para mim. Aliás, essa é uma marca de muitos avós. Lembro que dormíamos juntos, eu que a acompanhava em médicos, consultas ou algo a fazer, e ela sempre me recompensava com muito amor e uma mesadinha. Por ser o mais velho, eu ganhava o equivalente a R$ 2,00 e meu irmão, R$ 1,00. Toda vez que isso acontecia, saía correndo, feliz e sorrindo, até um mercadinho para comprar chocolate.

Também tenho lembranças muito especiais de meus padrinhos, Mauro e Vera. Sempre olhei para a família deles como um modelo a se seguir, mesmo sendo pequeno eu tinha esse olhar. Quando era criança costumava passar muito tempo na casa deles. Eu me recordo dos filhos deles, Jean e Jacques, almoçando juntos aos finais de semana, tomando refrigerante e um sorvete depois das refeições. Na casa deles, refrigerante e sorvete eram proibidos durante a semana, e não abriam exceção nem para as visitas, por isso, quando eu estava lá, contava os dias para o final de semana chegar e o sorvete e o refrigerante serem liberados. Meu padrinho costumava me desafiar a juntar o dedo mindinho e anelar e separá-los do dedo médio e indicador, que também estavam unidos. Eu demorei muito a conseguir, mas quando deu certo fiquei numa alegria sem fim. Hoje, já fiz o mesmo desafio com meus filhos e digo que quem consegue realizar esse movimento é super-herói.

Eu, meu padrinho Mauro e minha madrinha Vera em minha primeira comunhão, 1987.

Afora essas lembranças, não me recordo de muitos momentos com família, e isso, às vezes, me angustia.

Desde pequeno sempre fiz a associação de me sentir muito mais parecido com a minha mãe e via alguns aspectos do meu pai no meu irmão. Lembro que quando meu pai estava em casa, dormindo, não podíamos fazer barulho, porque se ele acordasse o bicho pegava. E meu irmão tinha esse mesmo comportamento quando ficou mais velho. Antes de eu casar, quando ainda morava com eles, se fizéssemos algum barulho enquanto o Júnior dormia, ele acordava doido. O curioso desse comportamento tão semelhante de ambos é que não houve tempo de convivência suficiente entre eles para assimilar esse hábito. Isso sempre me fez pensar que havia uma ligação especial entre eles.

Sempre tive um perfil introspectivo e meu irmão mais comunicativo. Em casa, eu e minha mãe somos muito parecidos. Normalmente, quando eu chegava em casa, entrava, conversava um pouco e depois ia para o quarto. Sempre fui mais isolado, gostava de assistir a filmes, de estar mais sozinho. Em contrapartida, o Júnior era um cara mais divertido, brincava com as pessoas, fazia piada, gostava de sair e sempre foi muito querido por todos.

Quando comecei a trabalhar, a vida ficou corrida e o tempo curto, afinal, também estudava. Eu ficava muito pouco em casa, e quando estava por lá não tinha o costume de ficar conversando com a minha mãe, meu irmão, nem com a minha avó. Era cada um no seu mundo.

Hoje, é um tanto doloroso para mim dizer isso, mas a verdade é que eu e meu irmão não éramos próximos, não sei se por conta da diferença de idade (quatro anos) ou outro ponto. Ele sempre foi muito mais carinhoso comigo do que eu com ele. Eu sempre fui distante de tudo e de todos. Nunca fui de telefonar para as pessoas próximas a mim para saber se estava tudo bem ou contar novidades ou mesmo jogar conversa fora. Sempre fui mais objetivo e eu era assim com meu irmão também. Às vezes, o Júnior me ligava para ter notícias das crianças, de mim, da minha família, no geral. Eu respondia de forma objetiva e a ligação se encerrava em segundos. Recentemente, encontrei nossa última troca de mensagens, foi pelo Messenger, do Facebook. Um bate-papo rápido, sobre a máquina de café que havia comprado para minha mãe. Foi curto e poucos dias antes do acidente. Bateu uma saudade!

> Não tome antes de dormir apenas

nem vou tomar esse café

cada copinho custa 12,00

> Kkkk

não ganho nem pra tomar um café desse

tenho que trabalhar 2 dias pra tomar um café agora

> Custa 1,58 cada

elite

boa noite

abraço

> Boa noite!

4 DE AGO DE 2014 ÀS 23:35

Saudade

Infelizmente, a relação do meu irmão com a minha mãe nunca foi boa. Os dois brigavam muito, quase todos os dias. No fundo, tenho a sensação de que eles eram almas gêmeas, que se amavam loucamente, mas acho que ele a culpava pela separação e pelo sumiço do meu pai, principalmente porque, na infância, ele e meu pai eram mais próximos. Depois que casei, em geral, quando nos encontrávamos a nossa conversa girava em torno da relação turbulenta que ele e minha mãe mantinham. Meu papel era intermediar essa relação complicada, tentando ser justo com ambos os lados. Aliás, esse era um exercício muito difícil para mim, afinal, de um lado estava minha mãe e do outro, meu irmão. Na maioria das vezes, eu não sabia o que fazer direito, pois não queria aquele clima e nem tinha experiência com isso.

Em minha cabeça, nunca procurei culpados pela separação. Acredito que uma relação a dois demanda muita disposição para que dê certo. Às vezes, elas chegam ao fim e para os filhos as coisas não são tão simples assim. Casais podem romper, mas a paternidade e a maternidade, não! Neste ponto sou muito incisivo, pois sei a falta, hoje consciente, do meu pai em minha vida. Quando meu pai foi embora, ele não colocou fim apenas ao casamento, mas também na sua responsabilidade de pai. Minha mãe, então, assumiu todas as rédeas da vida dela e da nossa. Eu me recordo dela trabalhando muito, muito mesmo. Ela acordava cedo e largava o serviço muito tarde. Nós acompanhávamos essa rotina incessante dela bem de perto, pois o seu escritório era em casa. Minha mãe foi muito guerreira e superou a separação com a força de uma leoa para criar a mim e a meu irmão e sou muito grato a ela. Depois que se separou, nunca teve vínculos duradouros com outros homens. Sei que aconteceram algumas paqueras e pequenos namoros, mas ela me diz que, na época, eu impedia qualquer homem de ir para casa. Segundo ela, eu dizia que sairia de casa se estivesse namorando. Hoje, eu gostaria muito que minha mãe tivesse uma companhia.

Minha mãe Marlene e eu, 1987.

Hoje entendo que a ausência do meu pai teve grande influência na formação da minha identidade, da minha personalidade. Me senti isolado em alguns momentos em que precisava muito de uma presença masculina. Convivi, sem saber nomear, com uma dor emocional forte e profunda que teve ressonância em muitas situações que enfrentei.

Desde pequeno, sempre busquei fazer as coisas da forma mais correta possível – mesmo tendo cometido alguns pequenos deslizes, na pré-adolescência. Não é de se espantar que me tornei uma pessoa muito metódica. Depois de alguns anos de análise e mais maduro, vejo que todas as minhas ações, inconscientemente, eram resultado de uma necessidade de esconder algo muito dolorido: a dificuldade em entender o porquê de ter sido abandonado. Tudo isso foi canalizado para a busca incessante do perfeccionismo.

Escrever tem sido para mim uma forma de mergulhar de cabeça em tudo isso, liberar meus fantasmas interiores, para me reinventar e olhar a minha história de outra maneira.

4

O TELEFONE TOCA

Quando meus pais se separaram eu tinha oito anos e meu irmão, quatro. Durante oito anos, meu pai não deu notícias. Ele não ligava para saber de nós, não visitava, era como se não existíssemos para ele. Infelizmente, não sei dizer como o Júnior lidou com isso, mas eu criei uma couraça. Sabe o ditado que diz "o que os olhos não veem, o coração não sente"? De certa forma, foi o jeito que encarei o sumiço de meu pai. Como posso sentir falta de algo que nunca tive? Então, por muito tempo acreditei que não sentia falta dele ou de uma figura paterna porque simplesmente não sabia o que era ter isso presente.

Depois de anos de poucos contatos, mas completo sumiço, ele ligou para irmos passar férias com ele. Eu já estava com 16 anos e o Júnior, 12 anos. Nesta época, meu pai estava morando no Piauí e já havia constituído nova família. Nos dias que passamos juntos, conhecemos sua nova esposa e nossos meios-irmãos, Saul e Emmanuela, pelos quais nutro um carinho especial, embora ainda não saiba transmitir isso muito bem a eles. Ambos são excelentes pessoas, demonstram muito respeito e carinho por mim, por meus filhos e minha esposa.

Lembro-me de uma ligação, pela qual o Léo anunciaria uma vinda especial a nossa casa em Piripiri, em que ele me afirmou que já havia constituído família, plantado uma árvore e somente faltava-lhe escrever um livro...

E nesse nosso encontro seguinte ele me passou uma linda lição: as semelhanças entre as pessoas podem distanciá-las.

Hoje, apesar das nossas distâncias, sejam elas pelo tempo, lugar ou semelhanças, sinto que tenho um meio irmão por inteiro, tão sentimental quanto eu, e orgulho-me em vê-lo conquistar metas e sonhos.

Emmanuela

Confesso que esse período em que estivemos juntos não foi fácil. Embora tenha sido importante esse contato para mim, não foi nada confortável para o Júnior. Durante a nossa estada no Piauí, meu irmão teve alguns conflitos com a esposa de meu pai e foi preciso jogo de cintura para continuarmos ali.

Mesmo existindo momentos de conflito, eu sentia algo levemente positivo. Acreditava que era o primeiro passo para uma reaproximação efetiva. Nessa fase, principalmente, eu sentia falta de ter uma figura masculina para conversar sobre coisas de homem, alguém com quem eu pudesse compartilhar detalhes sobre minhas aventuras, principalmente com meninas da escola. Certa vez, um amigo contou que tinha uma camisinha e eu não sabia o que era aquilo. Fiquei meses com essa dúvida, até que descobri o que era em uma farmácia. Talvez eu até tenha acalentado dentro de mim a esperança de ter um pai, mas não foi isso que aconteceu. Novamente, ele desapareceu.

Hoje em dia, quando vou às reuniões ou apresentações de meus filhos na escola sinto orgulho de poder fazer parte desses momentos. Meu pai nunca ligava para saber se estávamos bem ou mal, nem sequer se preocupava em saber se precisávamos de alguma coisa. Em raras vezes, nas datas comemorativas, meu pai chegou a ligar, porém, quando isso acontecia era uma surpresa para mim, pois, definitivamente, não era algo que acontecia com frequência. A verdade, por mais dolorida que seja, é que ele nunca se preocupou. A partir do momento que saiu de casa, meu pai enterrou a família que havia formado e se preocupou apenas com ele. No Nordeste, ele formou um novo núcleo familiar e foi feliz, inclusive é isso que sinto nas vezes em que tivemos oportunidades de nos encontrar, que ele realmente é feliz em seu lar. Enquanto vivia com sua nova família, ele esqueceu por completo de mim e do meu irmão, um fato dolorido, mas muito real e hoje mais consciente.

Após a separação, durante alguns anos, minha mãe não pediu pensão. Os motivos que a levaram a abrir mão desse nosso direito eu desconheço. Pode ter sido orgulho ou, simplesmente, ela pode ter demorado a descobrir como encontrá-lo. Um dia, minha mãe decidiu que não mais abriria mão de algo que era direito dos filhos e dever dele enquanto pai, afinal, eles poderiam não mais ser um casal, mas, enquanto pai, ele tinha que arcar com suas responsabilidades de ajuda no sustento de seus dois filhos.

> **Art. 1.694.** Podem os **parentes**, os cônjuges ou companheiros pedir uns aos outros os **alimentos** de que necessitem para **viver** de modo compatível com a sua condição social, inclusive para atender às **necessidades** de sua educação.
> **Brasil, Código Civil**

Com o pedido de pensão concedido pela justiça, meu pai passou a ter que cumprir com sua obrigação. No entanto, por duas ou três vezes, ele não fez os pagamentos. Por consequência, um oficial de justiça foi notificá-lo e, com medo de ser preso, ele fugiu da cidade. Quando isso aconteceu, ele entrou em contato comigo. Depois de tantos anos sem dar notícia, sua ligação tinha como objetivo pedir que eu intercedesse junto à minha mãe para retirar o processo de falta de pensão. Indignado, respondi que esse assunto não era comigo e que ele poderia tratar diretamente com nossa advogada. Depois dessa ligação, mais uma vez ele sumiu, e dentro de mim eu me perguntava se ele não gostaria de saber como estávamos.

Por muito tempo, questionei o que era ser pai. O que será que isso realmente significava? Uma pessoa que se mantinha tão distante, que nunca entrava em contato, que não se preocupava com nossa saúde, educação ou sobrevivência poderia ser chamada de pai? Eu nunca senti que tinha um pai.

Hoje em dia, se você é um pai ausente e tem uma atitude parecida com seu filho, lembre-se de que é uma opção sua não entrar em contato com ele, mas o seu filho não tem essa opção!

Júnior, minha mãe e eu, 1997.

5

AMIZADES: COMO PERTENCER SEM SE PERDER

PARTE II - EM BUSCA DE MIM

Fazer a retrospectiva das minhas amizades é uma reflexão muito profunda. Muitas vezes me pergunto e admito que ainda não achei uma resposta: como consegui não me perder nas drogas ou no crime?

Eu sei, pode soar uma pergunta exagerada, mas não é. A adolescência é uma das fases mais difíceis da vida de qualquer indivíduo. É um momento em que vivemos entre o não ser mais criança, mas ainda não ser adulto. O adolescente precisa, muitas vezes, romper com o que aprendeu no âmbito familiar para poder formar sua própria identidade. Sendo uma fase cheia de conflitos e incertezas, perder-se ao tentar se firmar em um grupo social é o que mais facilmente acontece. Quantos adolescentes não se afundaram nas drogas porque simplesmente não queriam ser "caretas" e outros tantos entraram para o crime porque só queriam experimentar uma sensação diferente na vida? Eu não preciso responder, imagino que você saiba que muitos se perderam dessa forma, e o mais importante: isso acontece em qualquer núcleo familiar, desde os mais estruturados até os mais disfuncionais, entre famílias de classe alta e aquelas em que a pobreza extrema consome os dias. Isso poderia ter acontecido comigo, com você ou com qualquer um.

Em casa, nunca fomos ricos, tampouco éramos pobres. Minha mãe deu muito duro na vida para proporcionar o melhor para mim e meu irmão e tínhamos uma situação financeira relativamente confortável.

Durante minha adolescência, convivi com duas grandes e distintas turmas. Até os meus 13 anos, estudei em colégio particular e convivi com pessoas de nível social superior ao meu. Lembro-me de ter ido à casa de um amigo e, ao chegar, ter ficado consternado com a casa incrível onde ele morava. Era um apartamento duplex em que o andar inferior era três vezes maior que minha casa e ainda havia a parte de cima!

Quando eu era convidado para ir às festas desses amigos, nem sempre eu podia ir porque minha mãe não dirigia e, portanto, não conseguiria me buscar. Naquela época, táxi não era algo tão acessível, então, ela costumava não me deixar ir. Para não ficar de fora, comecei a contar pequenas mentiras: às vezes, dizia que a festa era perto de nossa casa, noutras falava que o pai de um dos garotos me daria carona de volta. A verdade, no entanto, era que eu voltava para casa a pé, sozinho e correndo, porque adolescente só finge ser corajoso, mas, na verdade, a gente morre é de medo por dentro. Certa vez, voltava tarde da noite para casa. Eu estava correndo em velocidade moderada e, ao passar ao lado de um poste de semáforo, a fase mudou e o barulho do maquinário me assustou. Corri em velocidade máxima, porque achei que pudesse ser alguma assombração vindo me pegar. Veja, na adolescência, fazemos questão de mostrar bravura, quando, na verdade, não passamos de crianças amedrontadas tentando ser adultos.

Quando olho para essa fase, em que convivi com pessoas de vida financeira superior a minha, percebo como isso pode ter influenciado minha relação com o dinheiro na vida adulta.

Minha outra grande turma era o pessoal da rua em que eu morava. Aos meus 14 anos, mudamos de casa, ali havia muitos jovens da mesma idade que eu, mas eles não tinham muito compromisso com nada. Alguns fumavam maconha, outros usavam cocaína e, por muitas vezes, fui chamado para acompanhá-los. Para mim, enquanto adolescente, era importante fazer parte do grupo, não gostaria de ser um peixe fora d'água. Então, eu sempre os acompanhei, embora nunca tenha experimentado qualquer tipo de droga lícita ou ilícita.

> "Boa parte dos **jovens**, que se sentem **inseguros** com a vida e **sem pais** com quem possam **conversar** de maneira **profunda** e **amigável**, as **drogas** acabam se tornando uma **opção** de experimentação e **contato** com o **mundo**."
> **Roberto Shinyashiki**

Mesmo não me envolvendo diretamente com o que eles faziam, para pertencer eu estava presente, então, sempre me expus aos mesmos perigos a que eles estavam expostos. Por diversas vezes, fui com esses amigos em pontos de droga, para que eles comprassem o que iam usar e ficava entre eles enquanto faziam uso dos entorpecentes. Lembro claramente do pânico que eu sentia nessas situações, no entanto, nunca me afastei deles. Éramos em alguns jovens nesse grupo de amigos, todos faziam uso de alguma substância, menos eu.

Certa vez, dois irmãos, primos de um amigo meu, vieram do Rio de Janeiro para São Paulo porque estavam jurados de morte por lá. Um dos irmãos contava que havia levado um tiro na bunda e na coxa e, segundo ele, no Rio de Janeiro, quem tomava tiro na bunda era vagabundo e, portanto, estavam querendo matá-lo. Assim, os dois passaram a fazer parte da nossa roda de amigos. Um dia, um deles foi preso. Ele ficou um período na cadeia e, assim como outros amigos, nunca fui visitá-lo. Quando foi solto, ele queria tirar satisfação do porquê de não o visitarmos. Conclusão: eu vivia fugindo dele porque tinha medo.

Também me lembro de uma outra situação em que me envolvi e foi muito tensa. O prédio onde eu morava fazia frente para uma grande avenida e, do outro lado da rua, tinha uma creche, com um muro enorme. Quando o muro da creche acabava, vinha um terreno baldio. Um dia, eu estava com meus amigos na frente do prédio e chegaram amigos deles de fora, que eu não conhecia, e as turmas se juntaram. De repente, começou a aparecer polícia de todos os lados. Tinha policial descendo a rua, subindo a rua, pulando do terreno baldio para a frente do prédio, acho que nunca vi tanto policial junto. Acredito que alguém tenha feito alguma denúncia sobre droga e apareceu toda corporação da polícia militar. Estávamos em 15 pessoas, entre mulheres e homens, e todo mundo foi parar de cara com o muro e com a mão na cabeça. Passamos pela revista e os policiais perguntaram se havia droga ou arma com a gente. Dois dos caras que se juntaram ao meu grupo de amigos levantaram a mão e disseram que estavam armados. Eles eram comerciantes e possuíam porte de arma, ou seja, embora armados, estavam dentro da lei. Os policiais checaram e confirmaram que não havia nada de errado com a arma e o porte deles, porém, orientaram para o perigo de andarem armados. Para concluir a operação, os policiais revistaram o carro desses dois rapazes e não encontraram nada de errado. Nesse momento, eu já estava branco, suando feito uma bica, morrendo de medo de ser preso, de morrer, estava sofrendo de verdade. Depois que os policiais foram embora, entre a gente, os dois caras confessaram que estavam com uma quantidade razoável de cocaína no carro e uma arma fria. Quando eles falaram isso, eu pensei: Onde eu estou me enfiando com essas pessoas?

Minha mãe nem via isso tudo acontecer. Eu voltava para casa como se nada tivesse acontecido, depois ficava duas semanas sem descer do prédio, mas, naturalmente, eles vinham me chamar e eu voltava a ter contato com eles.

De certa forma, essa época foi divertida, porém extremamente pesada quando paro para analisar o meu envolvimento com essas pessoas e as situações de risco em que eu estive. Naquela idade, tudo isso era adrenalina, mas hoje, olhando para trás, vejo o perigo que foi, afinal, eu poderia ter sido preso sem ter qualquer envolvimento, também corri o risco de levar um tiro ou ter trilhado um caminho não muito correto.

E em todas essas situações uma possibilidade de usar droga vinha por meio de um amigo, em 100 por cento das vezes.

Quando entrei no ensino médio, optei por um curso técnico na área de Administração de Empresas por grande incentivo de minha mãe e, nesse momento, comecei a me desvencilhar desses amigos e dos momentos tensos que passávamos juntos. Dessa turma, apenas eu e um outro rapaz estudávamos; enquanto eu fazia o técnico, ele já estava na faculdade. O restante dos amigos estava numa pegada de não estudar e só curtir a vida. Eu acabei indo para um caminho diferente.

Hoje, quando olho lá para trás ou encontro com algum deles, percebo o quanto as nossas escolhas na adolescência podem definir todo o nosso futuro. Aqui não me refiro à felicidade, mas sim a oportunidades. Daquela turma, um está preso, outro morreu de Aids na cadeia, muitos possuem subempregos ou ainda estão tentando se firmar em algo. Também percebo que alguns deles tiveram filhos, mas acabaram não constituindo uma família. Muitos ainda estão meio largados na vida, mas sei também que alguns deram certo e estão bem na vida.

Por isso, acho tão importante fazer essa reflexão sobre o grupo de amigos no qual nos inserimos ao longo da vida. Quem está no nosso entorno é muito importante, porque eu acredito que acabamos refletindo as nossas amizades, as pessoas que nos rodeiam. E o que me chama muito a atenção é a questão da droga. Se na minha época de adolescente já era fácil conseguir, agora essa facilidade aumentou exponencialmente, e eu acho isso realmente perigoso, principalmente quando não há uma orientação familiar no sentido de mostrar os perigos do envolvimento com a droga. Eu tive essa orientação de minha mãe, mas mesmo assim, tinha livre acesso às drogas. Por inúmeras vezes, vivi situações em que a droga foi ofertada a mim e, embora recusasse, vivia nesse ciclo de evitar a droga, mas convivia diretamente com ela. Honestamente, não sei o que me fez nunca ter aceitado. Pode ter sido falta de curiosidade, medo ou um anjo. De fato não sei dizer o que me fazia falar não a cada oferta, mas acredito fortemente que o ponto para não ter desvirtuado foi nunca ter experimentado.

Se me cabe fazer uma alerta aqui, então, peço licença: conversem com seus filhos sobre as drogas e sobre a influência das amizades, não os impeça de serem amigos de quem utiliza entorpecentes, não os obrigue a escolher os amigos, mas oriente para que eles façam escolhas conscientes, para que sejam fortes para negar, e que se tiverem curiosidade para experimentar, que compartilhem isso com vocês, pais, e que vocês estejam aptos para acolher essa necessidade e orientar da melhor forma, sem represálias, sem violência física ou psicológica, e caso não se sintam aptos a fazer isso sozinhos, busquem a ajuda de um profissional para orientá-los sobre a melhor forma de conduzir essa conversa.

6

CARREIRA DE SORTE?

Eu nunca fui um cara que tirava boas notas, eu me esforçava e passava de ano, mas não era dos estudantes mais aplicados. Mesmo quando entrei para o colégio técnico e me afastei dos amigos da rua não me tornei a pessoa mais dedicada aos estudos. Na verdade, eu nunca fui de andar com as pessoas mais inteligentes da turma, eu sempre me enfiava com a turma bagunceira. Hoje, quando analiso meu histórico, sinto que tive muita sorte. Claro que houve empenho, nada cai do céu – não se engane –, mas acredito que um tantinho de sorte ou proteção divina, se preferir, me ajudou no caminho que trilhei, além da figura sempre presente de minha mãe.

Quando os jovens estão imersos nessa fase de curtição, dificilmente farão o exercício de se perguntarem: o que eu quero para o meu futuro? Eu também não fiz essa pergunta a mim mesmo enquanto bagunçava no colégio. Talvez o que tenha me ajudado, além daquela pequena sorte, foi o senso de responsabilidade que assumi internamente quando meu pai saiu de casa, afinal, eu era o filho mais velho.

A sensação de ter de ser o homem da casa fez com que eu começasse a trabalhar cedo, não que eu precisasse ajudar em casa, mas ter a minha independência financeira ajudava a tirar um pouco da sobrecarga de minha mãe. A opção pelo colégio técnico foi pensando na facilidade em conseguir um emprego, assim como a escolha pelo curso não foi por afinidade, mas por acreditar que sendo uma área tão ampla eu teria mais chances de colocação no mercado de trabalho. Seguir a área de Administração de Empresas na formação técnica e faculdade, então, se mostrou o caminho mais natural para mim.

Recordo-me de ajudar minhas tias em uma lanchonete na João Cachoeira. Era eu quem carregava algumas frutas, pois fui forte desde pequeno (risos). Lembro também uma vez no ônibus. Eu segurava uma sacola cheia de laranjas, e quando o ônibus estava chegando ao ponto, levantei e não consegui segurar a sacola da maneira correta e foi laranja para todo lado. Depois de cinco minutos de resgate das laranjas, acho que umas cinco sobreviveram e não deu nem para fazer um suco para mim. Tias, vocês ainda me pagam por esse mico.

Meu primeiro emprego oficial foi com a minha mãe. Ela me registrou como funcionário de sua empresa, e eu a ajudava a organizar os arquivos dos clientes, também fazia serviços de banco para ela. Três meses depois, eu tive a oportunidade de fazer um estágio em uma companhia de seguros. Fui alocado na área de RH, mas meu trabalho era entregar medicamento para as pessoas. Essa foi minha primeira experiência com recursos humanos. Já fazia alguns meses que eu estava na seguradora quando meu amigo Sidney me indicou para uma vaga que abrira na Bosch. Além de ser um excelente local para trabalhar, a empresa ficava muito próxima da minha casa. Participei de todo o processo seletivo e passei.

Eu, Argento, Dimitri, Capozzi, Rafael, Alvino e Edgar comemorando mais um final de ano na Bosch, 2006.

A vaga na Bosch era de efetivo e, assim, comecei minha carreira na empresa, onde permaneci por sete anos. Ali eu pude passar por todas as áreas que compõem o RH de uma corporação, no entanto, sempre atuei mais fortemente nos departamentos voltados para a folha de pagamento e remuneração, sem entrar na área de desenvolvimento. A Bosch foi a empresa que me proporcionou um grande crescimento na carreira, pois quando saí de lá já ocupava uma posição de coordenação. Inclusive, conduzi um projeto para a Bosch quando ela foi transferida para Campinas. Nessa mudança, a empresa iria desligar uma fábrica com 1.200 funcionários, destes apenas 300 seriam alocados em Campinas enquanto o restante seria demitido. Nesse contexto, conduzi um processo de recolocação muito importante, em que contratamos uma equipe sensacional que era responsável por encaminhar todas as pessoas que seriam desligadas. Essa equipe sentava com cada funcionário e mapeava suas habilidades, o que desejavam para o futuro, o que gostavam ou não de fazer e, a partir dali, ajudavam a traçar um novo caminho profissional. Além disso, montamos uma pastinha com os currículos de todos que seriam desligados e fomos "vender" nas empresas. Quando batíamos nas portas das outras organizações, o que pedíamos era para que recebessem o nosso material com os currículos e, quando uma vaga fosse aberta, verificassem se havia ali o perfil de profissional desejado.

Esse projeto funcionou muito bem e foi altamente produtivo, se não me engano com 90% de recolocação; muitas pessoas foram recolocadas por meio desse processo. O meu currículo também estava lá no meio, e foi assim que a Samsung me chamou para um processo seletivo.

Minha entrada na Samsung tem uma história muito interessante. Participei da primeira entrevista do processo seletivo e, não muito tempo depois, fui chamado para uma segunda entrevista. Na minha cabeça, essa segunda entrevista era continuação do processo seletivo e fiquei animado por ter passado de fase. No dia determinado, lá estava eu em uma sala com meia dúzia de coreanos me fazendo mil perguntas técnicas em um idioma que até hoje não sei ao certo. Imagine que eu estava naquela sala, passando por uma sabatina, sem entender nada do que falavam e sem conseguir me expressar. Fiquei roxo, verde, desesperado, morrendo de vergonha. Chamaram alguém do RH, e até que chegasse pareceu uma eternidade. Quando a responsável pela seleção chegou, constatou que havia sido feita uma confusão: a entrevista não era para mim, era para um engenheiro. Foi um engano. O processo que eu havia participado estava paralisado. Depois de nove meses, a Samsung me chamou de novo, quando o processo foi reativado e eu fui realmente contratado. Veja que incrível: as pessoas consideram demorado um processo seletivo que dura um mês, imagine o meu, que durou praticamente o tempo de uma gestação!

Até hoje, quando participo de fóruns de RH, conto essa história e falo: as pessoas da área de recursos humanos podem cometer erros, precisamos lembrar que somos todos seres humanos e, portanto, suscetíveis a erros. Gosto de fazer essa explanação porque há uma crença de que o RH deve fazer tudo perfeito e não pode cometer enganos.

Fiquei quase quatro anos na Samsung, mas não me identifiquei como gostaria com a cultura da empresa, e nesse período tentei sair algumas vezes, pois não me sentia reconhecido. Em um determinado momento, conheci o Fábio, que trabalhava na LG. Conversa vai, conversa vem, percebi que estávamos sofrendo as mesmas angústias, então montamos um grupo de RH composto por todas as empresas de eletroeletrônicos (Samsung, LG, Semp Toshiba, Sony, CCE, Gradiente, entre outras).

Foi nesse grupo que conheci a Renata Mendonça, que era gerente executiva da Sony, na época. Encontramo-nos em algumas reuniões e ela me disse que gostava da minha forma de trabalhar e que um dia trabalharíamos juntos. Por indicação dela participei de um processo seletivo na Sony e fui confiante que ia dar certo. Não deu!

Dois anos depois desse episódio, a Renata foi para a Odebrecht, e assim que ela viu que poderia formar a equipe dela me chamou. Algumas semanas depois, eu comecei a trabalhar na Odebrecht no dia do meu aniversário. Sou muito grato à Renata pela oportunidade que ela me deu na época, e por todo o acompanhamento, nos anos seguintes. Também na Odebrecht trabalhei com muita gente extremamente competente, pelas quais tenho um carinho especial. Embora eu tenha sofrido nos meus últimos anos de empresa, fui muito feliz lá e tenho um carinho superespecial pela cultura, pela dinâmica da empresa e por todos que passaram por minha experiência profissional. Sinto de coração uma pena ter acontecido o que aconteceu, mas mesmo assim tenho excelentes lembranças.

Trabalhei na Odebrecht por sete anos e onze meses e quando saí da empresa decidi trilhar um novo caminho.

Laura e Pedro em uma visita surpresa, 2012.

A construção da minha carreira não foi consciente, embora considere que tenha dado certo. Deixei a vida me levar e fui apenas seguindo a correnteza. Em minha evolução profissional, sempre fui fazendo o que me davam, o que aparecia, sem que eu parasse para pensar se realmente gostava daquilo ou se fazia sentido para mim. Eu seguia. O mais engraçado disso tudo é que nunca desejei estar nessas empresas, sempre aconteceu. Nunca foi uma meta.

Hoje, olho para trás e vejo o quanto foi significativo profissionalmente e pessoalmente ter atuado em todas essas grandes empresas. Trabalhei em empresas incríveis, com excelentes profissionais. Desenvolvi e entreguei excelentes projetos na área de RH. Nesse momento, com maior clareza e experiência posso fazer escolhas mais conscientes e estar por inteiro em novos desafios na área de gestão de pessoas e desenvolvimento.

Durante muito tempo, acreditei que ser feliz e ter sucesso significava estar em uma boa empresa, ter um ótimo salário e um carro bacana. Demorou um pouco para cair a ficha de que a felicidade está mais relacionada a questões internas do que externas. Muitos livros que li diziam isso, mas, na prática, eu achava que ser feliz era ter um crachá e não olhava por esse lado de que a felicidade está dentro da gente. Foi preciso passar por um processo interno muito doloroso, para que eu pudesse entender que o meu propósito estava em ter mais contato com o outro, ajudar e ser ajudado.

> "Sua **felicidade**, seu êxtase não procede de nenhuma razão do mundo exterior. Sua felicidade, seu **êxtase** brota de **dentro dele** mesmo."
>
> Osho

"Nossos caminhos se cruzaram em um grupo de benchmarking de Recursos Humanos, do setor de eletroeletrônicos, em 2006. Trabalhávamos em empresas concorrentes e fiz aquele julgamento de primeira impressão: rapaz sério, compenetrado, organizado e com foco em remuneração. Perfil mais raro e interessante!

Em 2008, ao assumir um novo desafio, eu precisava de alguém com aquele perfil para compor uma equipe bem enxuta. Lembrei-me na hora daquele rapaz que ruborizava fácil. E, coincidentemente, no dia de seu aniversário, começamos nossas jornadas juntos. Foram cinco anos, aproximadamente, em empresas, negócios, equipes e situações diferentes.

Léo era sempre muito leal, responsável, comprometido, interessado e extremamente organizado. Reservado, sim. Bem reservado, inclusive, uma característica ímpar para sua área de atuação. Nossos perfis se encaixavam e eu adorava conviver com alguém que tinha habilidades e características iguais as minhas e me completava aonde eu falhava. Seus questionamentos eram muito saudáveis. A troca era boa. Transmitia-me confiança e calma.

Eu acompanhava de longe, mas sempre com muito cuidado, a sua história pessoal: sempre falava da família e da sua adoração pelos filhos e pelo São Paulo Futebol Clube. Acompanhei sua mudança de cidade, bairro, apartamento, as dificuldades financeiras, a opção espiritual, sua saúde (coração pregou um susto), o desejo de ser mais zen, mas ele sempre se manteve um cara de poucas palavras, tímido, centrado. No linguajar popular, Léo era 'na dele'.

Profissionalmente, ele enfrentou alguns desafios junto comigo. Mexemos em sua zona de conforto, vencemos algumas batalhas e demoramos a vencer outras, mas sempre tinha no Léo (em alguns momentos, o único membro masculino da equipe) o liderado com quem eu podia contar para tudo!

Nossa convivência diária encerrou-se no início de 2013. Eu deixei a empresa em que trabalhávamos. Lembro-me exatamente da avaliação que fiz sobre o Léo para meu sucessor: 'Instrua, confie, delegue, acompanhe e não terá dor de cabeça'.

Perdi o contato, mas não o carinho que tinha e tenho por ele. Não vivenciei sua perda, o abalo em seu estado emocional, seu desnorteamento, suas decisões difíceis e nem mesmo este 'turn-around' em sua carreira. Sinto não ter podido, como amiga, colega ou líder, apoiá-lo nestes momentos mais difíceis que a vida nos prega, embora com certa frequência (rara) trocássemos e-mails, mensagens e telefonemas. O que mais me encantava (e encanta) é a vibração do Léo em relação a valores tão nobres: família!

E seu novo e terceiro 'filho' está aqui. Compartilhar seus amores e dores é um ato muito nobre. Conte comigo sempre!"

Renata Mendonça

7

QUERO TER VOCÊ COMO FILHO

Durante a minha passagem pela Bosch, tive a oportunidade de ter o trabalho gerenciado por um profissional altamente competente e uma pessoa de uma grandeza interior sem limites, João Alberto de Jesus Argento. Eu havia acabado de assumir uma posição de coordenador de equipe e não tinha experiência em liderança. Ele conduziu um excelente trabalho de mentoria comigo, o qual reverbera até hoje em minha vida. Não demorou muito para que conversássemos também sobre coisas do cotidiano, de família. Desde então, começamos uma amizade que se estende a minha esposa e filhos. A vida acabou fazendo com que ele se transformasse em meu pai de coração. Com o Argento posso me sentir filho, sempre está ao meu lado, tem um carinho e presença marcante em nossas vidas, assim como sua esposa e filhas Carol e Camila.

Hoje, temos literalmente uma relação de pai e filho. Certa vez, ele apareceu na minha casa com uma declaração oficial, assinada por ele, a esposa e as filhas, e ainda testemunhas, que me reconhecia como filho. Esse pedaço de papel tem um significado que é impossível encontrar palavras para descrever. Nele está impresso todo o carinho que ele tem por mim. Ser escolhido como filho por uma pessoa tão especial faz com que eu me sinta pleno de amor e cuidado. Eu fui escolhido como filho, mesmo aos 26 anos de idade. E isso para mim já é mais que suficiente.

> "Sábio é o **pai** que reconhece seu **próprio filho**."
> Shakespeare

> **Declaração Filho no Amor**
>
> Eu, João Alberto de Jesus Argento, portador da RG 9.492.443, inscrito no CPF nº 013.305.778-09 e na posse de plena faculdade mental declaro, publicamente, meu desejo e decisão de ACOLHER LEONARDO HENRIQUE EMANNUEL DE CASTRO ALVES, portador da RG 11.938.639-5, como FILHO NO AMOR, de forma irrestrita.
>
> Ao LEONARDO HENRIQUE EMANNUEL DE CASTRO ALVES confiro-lhe os direitos de FILHO, seja no compartilhar de meu amor e de minhas obrigações morais para com os membros da família, como no compartilhar dos direitos legais de FILHO LEGITIMADO.
>
> É meu COMPROMISSO ser amigo verdadeiro e fiel de LEONARDO HENRIQUE EMANNUEL DE CASTRO ALVES, apoiando e ajudando em seu crescimento espiritual, pessoal e profissional; compreendendo ao invés de julgar; consolando; ouvindo; acolhendo; aconselhando; enjugando suas quedas; e criticando com compaixão, justiça e sabedoria.
>
> É meu DEVER e OBRIGAÇÃO para com o LEONARDO HENRIQUE EMANNUEL DE CASTRO ALVES nunca o abandonar ou o renunciar, reafirmando meu amor incondicional de PAI NO DESEJO E NO AMOR, protegendo e provendo quando necessário e possível, independente do seu jeito de ser; da sua forma de agir ou pensar; da sua condição social ou econômica; de pouca ou muita idade; e, principalmente, se houver falta de capacidade física ou mental, seja agora ou em dias futuros.
>
> De forma fiel à aquele que hoje é acolhido como FILHO, ficam garantidos os direitos, responsabilidades, promessas e compromissos assumidos nesta declaração, onde João Alberto de Jesus Argento poderá ser cobrado por LEONARDO HENRIQUE EMANNUEL DE CASTRO ALVES ou por sua família, no legítimo direito que ora lhe é dado, não sendo possível arrependimentos sobre quaisquer circunstâncias ou em quaisquer época, ficando por DEUS, através dos mistérios da vida, eventual revogação destes compromissos.
>
> São Paulo, 15 de Setembro de 2004
>
> João Alberto de Jesus Argento
>
> Concordantes: Daisy da Conceição Couto Argento   Camila Couto Argento   Carolina Couto Argento
>
> Testemunhas:

Com ele, passei a conhecer um pouco mais da Bíblia, porque eu era católico, mas nem sabia o que era Deus direito. É com ele que eu tenho a lembrança de intervenções paternas em situações difíceis da minha vida, tanto profissional quanto pessoal. Lembro-me dele sentar comigo, e, de forma sutil, buscar me ajudar a encontrar o melhor caminho para conduzir situações mais difíceis.

Sou extremamente grato ao universo por ter colocado o Argento, Daisy, Carol e Camila em minha vida.

Pedro, Argento, Daisy e Laura, 2012.

"Para mim é uma honra dar este depoimento sabendo que o Leonardo superou conflitos internos e desbravou o lançamento deste livro.

Conheci o Leonardo em meados da década de 90, quando ele foi admitido na mesma empresa em que eu trabalhava.

Ao longo dos anos, fomos colegas de trabalho e, nos dois últimos anos de trabalho juntos (2003 e 2004), quando ele se desligou da empresa para novas oportunidades profissionais eu atuei como seu coach and menthor. Foi a partir dessa época que minha relação com ele evoluiu, se estreitou e enveredou-se, conscientemente, para o envolvimento na sua vida pessoal e familiar. Eu transcendi e passei a tê-lo como um filho, junto com seu irmão Júnior, criando muito afeto, carinho e amor, que se estendeu à sua esposa e filho, mais tarde filhos, e que hoje têm a mim e a minha esposa como avós.

Desejo, de coração, que o Leonardo se encontre na plenitude da vida espiritual e seja muito feliz."

João Alberto de Jesus Argento

8

HISTÓRIA DE AMOR

onheci a Daniela na matinê de uma danceteria paulista – a saudosa Krypton. Esqueçam o estereótipo de garoto "pegador" ou "popular", pois esse cara nunca fui eu. Eu nem sei dançar. Um dia, fui com dois amigos na matinê e eles "ficaram" com algumas garotas. Nesse momento, eu não. No meio daquele ambiente lotado, à meia luz, música tocando nas alturas, eu me achava um peixe fora d'água, vendo o povo curtir e dançar como louco. Foi nessa situação que vi de longe a Daniela comprando água no balcão que ficava bem no meio da danceteria. Sabe aquele momento em que parece que tudo acontece em câmera lenta... então, é bem brega, mas foi assim. Até hoje me lembro da camisa listrada vermelha e azul que ela vestia e o cabelão que ela tinha. Não sei como, mas decidi que ia falar com aquela garota. Como de costume entre os adolescentes, meu amigo foi me apresentar, porque eu ir sozinho até lá, nem pensar.

Daniela em seu quarto com o seu cachorro de pelúcia e o de verdade chamado Duty, 1997.

Apresentações feitas, conversamos e no momento em que ela ia embora, pois seu pai já estava na porta da danceteria esperando de braços cruzados e impaciente, tomei coragem e tive a iniciativa de arriscar um beijo. E não é que deu certo! Antes dela sair pedi para que anotasse rápido em um papel o seu telefone, mas o perdi. Nunca ficava com ninguém, mas quando ficava perdia o telefone.

No dia seguinte, na escola, meninos e meninas contam seus feitos de final de semana. O mesmo acontece entre os garotos que costumam passar muito tempo com os amigos na rua, que era o meu caso. Ali, na turma, contei que havia ficado com uma garota no dia anterior. Por coincidência, uma amiga que também chamava Daniela ouviu a conversa e quis saber detalhes. O universo não dá ponto sem nó, no fim da conversa, descobrimos que, sim, estávamos falando da mesma Dani.

Férias de verão em Florianópolis, 1999.

Pouco tempo depois do nosso encontro na Krypton, fui convidado para o seu aniversário, mas não pude ir. Aprontei alguma coisa e fiquei de castigo. Isso mesmo, de castigo! Mas claro que não foi isso que contei a ela para justificar minha ausência na festa.

Voltamos a conversar por telefone e, quando dei por mim, estávamos namorando. Tanto eu quanto a Daniela tínhamos 17 anos. Namoramos por sete anos.

Aos três anos de namoro, ouvimos de uma senhora muito amiga e querida pela família da Dani, chamada dona Sebastiana, que quando completássemos sete anos juntos enfrentaríamos um impasse: casar ou nos separar. Na época, não demos muita atenção e seguimos nossas vidas.

Quando completamos seis anos de namoro, em 2001, a Daniela pensou que seria uma boa ideia comprarmos um apartamento. Com o apoio do meu sogro, e com um baita medo iniciamos esta jornada. A Daniela sempre teve mais maturidade para fazer planos e traçar metas para nosso futuro e este é um dos motivos pelo qual sou apaixonado por ela.

Em 2002, tivemos uma notícia que mudou completamente nossos planos e nos fez assumir novos papeis e responsabilidades: ser pai e mãe. Impossível não lembrar desse dia e de toda a emoção que a notícia despertou em nós.

Com a novidade, antecipamos o casamento que estava nos planos futuros e casamos no cartório. Em 2008, com alguma experiência enquanto pais, nasceu a nossa Laurinha.

Hoje temos consciência das dificuldades que passamos por ter "pulado" algumas fases importantes, como a de morar junto primeiro e aprender a lidar com todas as demandas de administrar uma casa e trabalhar.

Preparados para uma festa, 2013.

    Esse momento da nossa vida fez com que eu me lembrasse de dona Sebastiana. Estávamos ali, no impasse dos sete anos: casar ou separar? Casamos! Inclusive, nossa história é permeada por ciclos de sete anos, todos muito decisivos na nossa relação. Essa nossa "marca" me levou a buscar entender melhor a teoria dos setênios, explicada pela Antroposofia, linha de pensamento criada pelo filósofo Rudolf Steiner. A teoria dos setênios foi elaborada a partir da observação dos ritmos da natureza e divide a vida em fases de sete em sete anos. O número sete, inclusive, é muito importante na maioria das culturas. Na Bíblia, Deus criou o mundo em sete dias, a semana possui sete dias, temos sete planetas relacionados ao homem (Sol, Lua, Mercúrio, Vênus, Marte, Júpiter e Saturno) que são também os sete deuses olímpicos, são sete os metais (ouro, prata, mercúrio, cobre, ferro, estanho e chumbo), sete são as notas musicais e as cores do arco-íris. A teoria dos setênios ajuda a entender que a vida é constituída de ciclos e que cada ciclo tem uma característica própria. As fases, ou ciclos, retornam numa idade posterior com um novo impulso. Entender cada etapa nos ajuda a lidar com as crises, tirando o melhor proveito delas, afinal, nossa vida é cheia de movimentos, cores, ritmos, harmonias e desarmonias.

Nos últimos três anos, principalmente depois do falecimento de meu irmão, percebi com toda intensidade o quanto ter a Daniela ao meu lado, para que eu me mantivesse firme foi e é fundamental.

Estamos juntos desde 1996, e, hoje em 2017, depois de 21 anos juntos (ciclos de sete anos), eu tenho certeza de que ela é a mulher da minha vida, e talvez de outras vidas... quem sabe? Mesmo tendo iniciado nosso relacionamento pulando algumas fases, a maturidade e o nosso empenho nos trouxeram a possibilidade de viver um amor sólido, verdadeiro e pleno honrando a nossa história.

Casamento de uma amiga, 2015.

"*Demorei bastante para começar a escrever este depoimento. Não porque não soubesse o que dizer, mas porque estava procurando a maneira de transmitir, em palavras, uma pequena parte do que vivi e vivo ao lado do Leonardo.*

Precisamente no período posterior à morte do Júnior, um cara muito querido e divertido, presenciei muitos momentos de dor e, ao mesmo tempo, de tentativas de se reerguer do Leonardo. Em diversas ocasiões, ainda que tudo estivesse acontecendo com uma intensidade mil, sentia admiração ao perceber que havia encontrado forças em momentos tão dolorosos: ir ao encontro da mãe depois de receber a notícia do acidente, falar com carinho com as pessoas que estavam presentes no velório, carregar o caixão de seu irmão.

Perder alguém muito querido faz com que muitas coisas se modifiquem na estrutura dos que ficaram. De alguma maneira, isso nos força a olhar para aspectos que talvez jamais olhássemos sobre nós mesmos, sobre o significado da vida, da morte, do outro. Esse é o momento em que nos damos conta de que não temos poder nenhum sobre a vida ou morte. Precisamos simplesmente viver e estar presentes de fato nos momentos mais diversos.

Agora, o caminho continua...

Honro a todos que fizeram e fazem parte de nossa história."

Daniela Rosa

Início do nosso namoro, 1996.

Daniela e eu comemorando o aniversário, 2012.

Daniela e eu, Sorocaba, 2013.

9

PARA DENTRO DE MIM

Quando meu filho Pedro nasceu, eu olhava para ele e pensava como um pai pode ter coragem de abandonar um filho. Esse questionamento tinha tudo a ver com minha própria história. Por mais que eu tivesse um pai, não havia vínculo, ele nunca havia se preocupado comigo ou com meu irmão. Eu sempre quis entender o que aconteceu para que o meu pai tivesse me largado. Sim, porque por mais que eu tentasse enganar a mim mesmo a verdade é que eu sempre senti que meu pai nos havia abandonado.

Pedro e eu, 2003.

Então, o Pedro foi crescendo, e quando ele tinha dois anos eu tive uma experiência com o xamanismo.

O xamanismo é um fenômeno de natureza característico dos povos siberianos da Ásia, definido pelas aptidões e capacidades sobrenaturais imputadas para um xamã, reconhecido como o líder espiritual dessas comunidades, inclusive em tribos indígenas de todo o mundo a essência dessas manifestações são semelhantes, com base na observação dos sinais da natureza. Esse conjunto de práticas se transformou em uma filosofia de vida, por meio da qual as pessoas buscam equilíbrio, conhecimento, tranquilidade, bem-estar físico e espiritual. A sabedoria milenar e os ensinamentos passados através de gerações levam o praticante a experimentar uma transformação interior, um mergulho no autoconhecimento.

Quem passou primeiro pelo processo foi uma pessoa da minha família e ela insistia muito para eu ir, pois entendia que poderia me fazer bem. Depois de passar pelo processo, ela pôde ver várias coisas da vida dela. Ela insistia que eu precisava ir. Quando eu perguntava aonde eu tinha que ir, ela dizia que havia uma fazenda, no interior de São Paulo, onde as pessoas ficavam a noite inteira, para passar por um ritual em que tocavam músicas lindas. Eu a ouvia falar aquilo e pensava: "Essa menina está drogada". Lembro-me de que brinquei com ela dizendo que ela estava indo em uma *rave*, porque um lugar onde se toma um chá e passa a noite inteira dançando só pode ser isso.

Brincadeiras à parte, nunca fui de beber nem de fumar. Então, eu falava para ela que não iria, mas chegou setembro e me deu uma vontade grande de ir. Eu faço aniversário em setembro e acredito muito que coisas importantes costumam acontecer nessa data. Lembro que completei mais um ano de vida no dia 15 e fui para minha primeira experiência com o xamanismo no dia 17. Na verdade, eu fui para tentar entender o que era tudo aquilo. Junto comigo estavam meu pai de coração Argento e meu sogro Francisco. O local dessas vivências ficava realmente longe.

Eu pensava até que seria abduzido no caminho. Quando cheguei e vi o espaço, pensei: "Onde fui me enfiar?".

Já que eu estava ali, então, o jeito era seguir. Depois de iniciar o ritual, entrei no meu processo ao fechar os olhos e embarquei numa viagem enorme. E para onde foi essa minha viagem? Ela foi para o dia em que meu pai saiu de casa. Eu revivi todo esse momento. A cena que descrevi no início deste livro eu não tinha lembrança alguma até esse momento. Foi por meio dessa experiência que eu pude acessar em minhas lembranças o que de fato eu tinha presenciado no dia em que meu pai saiu de casa.

Foi também nessa experiência que entendi o porquê de até hoje, já adulto, guardar comigo um cobertor da minha infância e dormir o cheirando toda vez que estou emocionalmente abalado. No ritual, ficou claro o meu vínculo com o cobertor: nas noites que sucederam a saída do meu pai de casa, à noite, era o momento mais difícil para mim, em que eu perguntava muito para a minha mãe onde estava o meu pai. Com isso, minha mãe me colocava na cama e me cobria com esse cobertor, e o cheiro dele me trazia um conforto tão grande, que eu conseguia dormir.

Essa vivência dura quatro horas. Durante todo esse tempo, fiquei de olhos fechados e chorando muito. Quando o ritual acabou, no dia seguinte, voltei desesperado para conversar com a minha mãe. Ela não sabia o que havia acontecido e, portanto, não poderia ser influenciada. Ao encontrá-la, disse que havia tido umas lembranças e gostaria que ela apenas confirmasse se aquilo que eu contaria era verdadeiro ou se eu havia imaginado. Contei em detalhes todas as cenas que pude acessar no ritual. Imediatamente, ela começou a se emocionar e a chorar e perguntou como eu sabia daquilo tudo. Em seguida, confirmou que tudo aquilo havia acontecido de fato: "Seu pai saiu de casa à noite, ele desceu com as coisas dele, nós discutimos e ele foi embora, depois eu fui ao seu quarto e estavam você, seu irmão e sua avó. Nos outros dias, você pedia pelo seu pai na hora de dormir, então eu te cobria com o cobertor, ficava um pouco mais ao seu lado e dava um pouco de carinho até você dormir".

Nesse momento, decidi que queria entender mais. Sabe quando você tem o novelo de lã e puxa só uma pontinha? Eu queria puxar o resto, eu queria entender sobre o abandono, eu queria me descobrir como pai, eu precisava ir além. Passei a vivenciar com mais frequência esse processo.

Todas as minhas vivências sempre foram voltadas para a questão paterna. Tudo o que aparecia para mim estava centrado na minha figura, naquele momento como pai, e na figura do meu pai. Essas visões começaram a despertar em mim o desejo de reencontrar meu pai para ouvir a versão dele sobre a separação e o nosso abandono.

Quanto mais eu me envolvia no meu processo de autodesenvolvimento, mais tinha o interesse em conhecer. Embora eu sempre tenha sido muito cauteloso no trânsito, sempre tive uma leve sensação de que morreria em um acidente de carro. Certa vez, levei uns amigos comigo no ritual. Normalmente, os trabalhos aconteciam nas madrugadas e, ao final deles, dormíamos um pouco para só depois pegar a estrada de volta. No dia em que levei meus amigos, o combinado era voltar na madrugada, assim que o trabalho acabasse, porque um deles tinha compromisso. Mas, durante o meu ritual, pude ver a gente batendo o carro e eu me machucando muito no acidente. Quando terminou, disse que não iríamos voltar na madrugada e esperamos o dia amanhecer.

Depois que meu irmão faleceu em um acidente de carro, pensei que talvez esse meu medo de uma morte prematura, em um acidente de carro, já estivesse inserido dentro de mim, mas não era para acontecer comigo.

Eu fiquei muito tempo nesse processo, porém, por questões ideológicas e com o falecimento de meu irmão, deixei de frequentar as vivências.

Com a perda do Júnior, fiquei com muita raiva de tudo. Muitas perguntas seguiam sem resposta dentro de mim e desacreditei da espiritualidade, parei de acreditar em Deus e em qualquer coisa relacionada à fé. Então, me afastei de tudo. Na verdade, meu afastamento de um espaço religioso foi resultado da junção dos meus questionamentos perante a minha posição naquele local e o falecimento de meu irmão.

Analisando tudo o que ocorreu até hoje, vejo que o momento em que eu mais deveria ter me dedicado à espiritualidade e à religião foi quando mais me afastei, no acidente do Júnior.

> "**Espiritualidade** não é pensar Deus mas **sentir Deus** mediante este órgão **interior** e fazer a **experiência** de sua **presença** e atuação a partir do **coração**. Ele é percebido como **entusiasmo** (em grego significa ter um **deus dentro**) que nos **toma** e nos faz **saudáveis** e nos dá a vontade de viver e de criar continuamente **sentido** de **existir** e de **trabalhar**."
> **Leonardo Boff**

Ainda estou em um processo de encontro ou reencontro comigo mesmo, em busca de entendimento. Nessa busca, um dos processos terapêuticos que vem me dando uma base consistente é o da Constelação Familiar Sistêmica.

Foi nesse processo que a Daniela conheceu a Constelação e resolveu estudar. Hoje ela é Consteladora e conseguimos juntos ter um olhar diferente sobre muitas coisas que vivenciamos.

A Constelação Familiar Sistêmica é uma terapia breve, criada pelo psicoterapeuta alemão Bert Hellinger. É uma forma de impulsionar uma ação de "ordem", de maneira simples e ao mesmo tempo profunda dentro do nosso sistema de relações.

Bert Hellinger, com tantas experiências e pesquisas, descobriu que parte das dificuldades que enfrentamos, se devem a fatos que aconteceram com outros membros de nossa família e que ficaram registrados na memória do campo familiar por gerações.

Sem nos darmos conta da dinâmica do nosso sistema, que acontece de maneira absolutamente inconsciente, somos tomados por situações, padrões e sentimentos, que interrompem o fluxo da vida e nos causam sofrimento, dúvidas e desconfortos que não conseguimos explicar.

O mais incrível da constelação em grupo é que pessoas que não conhecem a história de quem vai constelar ou o papel que representam, têm movimentos, falas e expressões físicas iguais ou muito parecidas com o que é ou aconteceu de fato.

Tudo isso nos dá a oportunidade de ver e perceber o que com os olhos da razão é muito difícil. Qual é a nossa postura e onde está a força para seguir de maneira mais leve e harmônica? São essas respostas que tentamos entender com a dinâmica da Constelação, como observadores em um palco da nossa vida, com a diferença de ressoar em nós cada sentimento, fala, expressão. Uma das explicações para isso se dá pela teoria dos campos morfogenéticos do biólogo Rupert Sheldrake.

10

QUE PAI SOU EU?

Sem referência paterna, sentia que eu não tinha exemplo para seguir. Minha paternidade foi construída aos trancos e barrancos. Comecei a terapia, no início do meu casamento, justamente por isso, porque veio o casamento e logo em seguida a paternidade. Eu sentia que meu papel como pai estava muito longe de ser o que deveria ser e me culpava muito.

Eu não era um pai de verdade! Era mal-humorado, não conversava muito, sempre muito nervoso. Além disso, sou muito enérgico quando estou nervoso e quem está ao meu lado percebe facilmente a irritação. Eu acabava transportando tudo isso para o meu filho e para minha esposa, na época. Embora quisesse fazer diferente, não sabia ser pai de outra forma.

Hoje, sei que meu papel de pai passa por uma transformação constante e que eu acredito que será eterna. Acho importante nos esforçarmos para fazer sempre um pouco mais e melhor, mas sinto que depois do nascimento da Laura e o reencontro que tive com meu pai, me dei conta de que eu tinha dois filhos lindos e que era importante fazer diferente todos os dias, visando sempre o melhor para eles.

Quando reflito sobre o passado, penso que não sei ao certo se eu não tentava ou se não queria fazer diferente, naquela época, devido ao meu perfil de chegar em casa, não querer conversar com ninguém, querer deitar e ver um filme quieto. Foi importante perceber que eu não era mais sozinho, havia uma criança que queria atenção, a minha atenção. Diariamente, busco ser um pai melhor para os meus filhos, porque quero construir memórias afetivas e significativas na vida deles, para que possam se sentir amparados e acolhidos por mim, em qualquer momento.

Quando percorremos um caminho, pegadas vão ficar e isso faz parte da história de qualquer pessoa. O importante é a busca constante pela melhoria.

"**Muitas** pessoas **consideram** seu **pai** uma **carta fora** do baralho. Mas é bom lembrar que a **maioria** dos **jogos não prossegue** quando **falta** uma **carta.**"

Roberto Shinyashiki

Laura, Eu e Pedro, almoço de dia dos pais, 2015.

11

SAÚDE EM RISCO

Exatamente no dia em que minha filha completou seu primeiro ano de vida, acordei com muita falta de ar. Lembro que a sensação era a de que havia acabado de completar uma maratona. Nós íamos comemorar o aniversário da Laura no interior e, antes de seguirmos viagem, decidimos passar no pronto-socorro, porque eu realmente não me sentia bem. Chegando lá, foi constatado que eu estava com uma disritmia cardíaca. Enquanto meu coração era monitorado, a médica avisava minha esposa de que eu teria de ir para a UTI. Ao ouvir isso, pensei que ia morrer, que tinha algo grave. Imediatamente, meu coração acelerou absurdamente e a máquina começou a apitar enlouquecida. A médica voltou para o quarto e me explicou que precisaria monitorar meu coração e que o único jeito de fazer isso de forma efetiva seria na UTI.

Na UTI, fui medicado e, no dia seguinte, meu coração havia voltado ao ritmo normal. Sofri uma sabatina de diversos cardiologistas, que perguntavam se usava drogas. Mesmo com as minhas negativas, não se sentiam satisfeitos. Logo fitaram minhas tatuagens (tenho duas, uma no braço e a outra na perna) e perguntaram sobre elas. Até hoje não consegui entender qual a relação das minhas tatuagens com o uso de drogas. Obviamente, foi uma associação extremamente preconceituosa. Inclusive, se me permite um conselho, lá vai: pessoas tatuadas não são drogadas, nem vagabundas, nem criminosas, apenas gostamos de desenhar em nossa própria pele.

Segundo os médicos, a insistência em saber se eu usava drogas se dava pelo fato de que o uso de entorpecentes pode causar disritmia, assim como o quadro que tive. Como era de se esperar, fiz uma bateria de exames e não foi possível detectar a causa da disritmia. Sendo assim, eles disseram que o problema poderia ter fundo emocional ou tenha sido apenas um descompasso passageiro e imprevisto do coração, porém, era preciso fazer um acompanhamento.

Durante um tempo, fiz acompanhamento com o cardiologista e ele me explicou que, caso se repetisse, eu teria 36 horas para fazer a reversão do ritmo cardíaco, e isso só pode ser feito com medicação ou choque. Só fui ter um novo episódio de disritmia há cerca de três anos, logo depois do falecimento do meu irmão, porém, fui socorrido em tempo e tudo voltou ao normal, após ser medicado.

A primeira vez em que tive a disritmia eu estava passando por um momento sério de estresse no trabalho. Eu estava na Samsung e não me encontrava naquela cultura organizacional. Foi um momento em que eu queria muito sair do emprego, mas não estava conseguindo.

Já pude perceber que quando minha saúde emocional está fortemente abalada meu corpo se manifesta e nem sempre de forma simples. Quando estava no ápice da minha depressão, meu psiquiatra me afastou por trinta dias do trabalho. Lembro que o último dia da licença caiu em uma quinta-feira e na sexta fui trabalhar, mas eu não queria estar ali, trabalhei o dia todo me sentindo muito mal. No dia seguinte, ao acordar, eu não enxergava com o olho esquerdo. Novamente imaginei que fosse morrer ou que estava com alguma doença séria. Corremos ao pronto-socorro e fiz muitos exames, inclusive alguns que eu nem sabia que existiam. De novo nada foi detectado. A única explicação que se encaixava era emocional. O médico afirmou que não era preciso fazer nada, que a visão voltaria ao normal gradativamente, mas me alertou sobre o fato de que meu corpo se manifestava de forma intensa aos meus estados emocionais e, portanto, algo realmente grave poderia acontecer em algum outro momento de estresse alto.

Foi nesse exato momento que decidi pedir meu desligamento da Odebrecht para preservar minha saúde emocional e física, e assim encerrei o meu ciclo!

12

MINHAS ETERNAS CRIANÇAS

Este livro tem muitos propósitos, entre eles está o de ser um registro para a eternidade e, como tal, não poderia deixar de perpetuar em suas páginas momentos engraçados que meus filhos me proporcionaram.

Quando meu filho Pedro era pequeno, eu tinha um taco de sinuca que ficava em uma capa de couro. Costumava dizer a ele que era uma espada Jedi e que ele não poderia nunca pegar sem minha autorização, porque os poderes poderiam sair errado para ele. Com toda sua pureza de criança, ele acreditava.

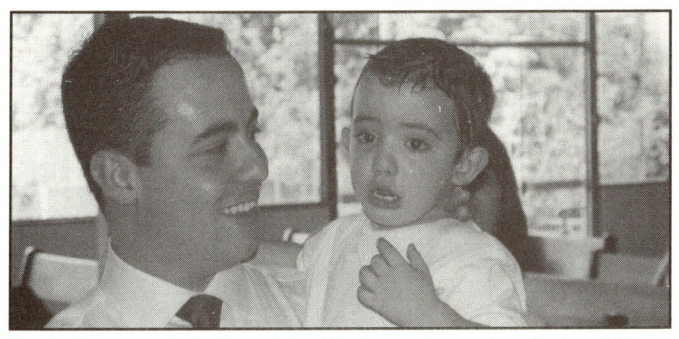

Eu e Pedro em seu batizado, após ter sido abençoado com água benta, 2011.

Certa vez, o porteiro do prédio onde morávamos ligou para nossa casa e perguntou à Daniela se era do meu apartamento que estavam jogando relógios pela janela. Prontamente, minha esposa respondeu que era óbvio que não. Ao desligar, aquela intuição de mãe a deixou alerta e ela decidiu ir até nosso quarto. Quando chegou, Pedro estava em pé, na janela, com minha caixa de coleção de relógios aberta, jogando um a um lá para baixo. Segundo ele, queria acertar a piscina. Detalhe: nós morávamos no 18º andar. Quase morri do coração nesse dia.

Pedro em entrevista no SPFC, 2013.

Laura ama comer doce. Um dia, ainda pequena, ela foi à cozinha, pegou um potinho de Nutella, uma colher e saiu comendo pela casa. Quando vimos, pedimos que guardasse, pois já havia comido muito doce. Tudo indicava que ela tinha atendido ao nosso pedido. À noite, fomos separar roupa para ela e encontramos o potinho e a colherzinha "guardados" na gaveta de sapatos. Perguntamos a ela o que significava aquilo e, sem pestanejar, a pequena respondeu que havia guardado para comer depois.

Laura na época de páscoa, 2010.

Outra história que me traz boas lembranças foi quando ela começou a comer frutas, aliás, até hoje ela come muitas frutas, mas agora da forma correta. Sempre que passávamos pela cozinha era possível perceber que ela tinha estado lá para comer algo, vide foto, sem necessidade de mais explicações.

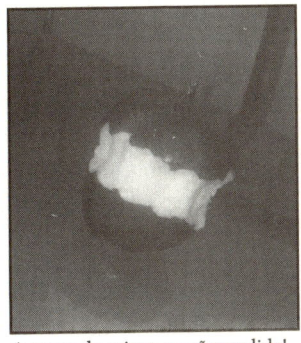

A prova do crime: maçã mordida!   Laura acordando em Juquitiba, 2009.

Filhos, sei que tenho que melhorar em muitos pontos e que terei muitas oportunidades para dizer a vocês tudo o que eu sinto. Sei que já deixei passar em branco diversas oportunidades de expressar meu amor, mas não quero mais perder nenhuma chance de dizer o quanto me importo e o quanto os amo.

Sinto-me realizado de todo coração pela vida de vocês dois, sua mãe lhes deu a vida, e eu os recebi encantado no dia do nascimento dos dois.

Minha alma estará ligada a vocês de uma maneira incomensurável e o nascimento de ambos foi algo esperado, desejado, rodeado de expectativa e motivo de muita satisfação para toda a nossa família.

Ser pai transformou minha vida, me fez ser mais responsável, me tornar mais homem e, conforme cresciam, eu ia me preenchendo de uma alegria enorme, pois a cada passo de vocês, cada ida para um parquinho, cada brinquedo, cada dia, tudo era um momento novo e inesquecível.

Pode ser que não sintam na pele o que tento escrever, mas quando tiverem suas famílias e seus filhos (meus netos) sentirão na alma o que sinto.

Amo vocês!

Pedro e Laura, Curitiba, 2014.

Laura e Pedro, EUA, 2011.

13

O REENCONTRO

Em quase todas as vivências espirituais que tive, a relação com meu pai ficava latente. Sempre minha paternidade era questionada a todo o momento. Eu sabia que havia pontas soltas na minha história e que precisaria costurá-las se eu quisesse ser um bom pai e ter paz interior. Então, iniciei um processo de amadurecimento da ideia de reencontrar meu pai. Era como se algo me dissesse: "Léo, vá ouvir o outro lado, complete a história". Para se ter uma ideia de como era difícil para mim, levei cinco anos para criar coragem e ir atrás do meu pai, e alguns acontecimentos da minha vida me ajudaram a dar esse impulso em direção a ele.

O ano era 2010. Pedro estava com oito anos. Eu passava por uma crise existencial. Na terapia, falava muito das questões de minha posição e meu terapeuta me alertava para tomar cuidado e não repetir padrões fazendo o que meu pai havia feito. Senti que talvez estivesse repetindo os passos dos meus antepassados. Então, decidi que iria até meu pai e acreditei que, ao reencontrá-lo, talvez eu me encontrasse finalmente.

Era uma quinta-feira quando liguei para o meu pai e avisei que estava indo visitá-lo. Lembro-me de ouvi-lo gaguejar e perguntar o que eu queria. Tranquilizei-o ao dizer que não estava indo em busca de nada, apenas iria aproveitar uma viagem a trabalho para visitá-lo.

"Tome decisões com frequência. Quanto **mais** decisões você **toma, melhores** elas são. Os **músculos** se **fortalecem** com o **uso**, e o mesmo acontece com os seus **músculos** de tomar **decisões**. Libere seu

poder agora mesmo, **tomando** alguma **decisão** que venha adiando. Não vai acreditar na **energia** e na **animação** que isso criará em sua **vida!"**

Anthony Robbins

Passamos dois dias em família, conversando e chorando. Todos participaram da conversa: eu, meu pai, Paulinha (esposa de meu pai), Saul (meu meio-irmão) e Emmanuela (minha meia-irmã). Coloquei todas as minhas dores, angústias e questionamentos para fora. Meu pai também contou sua versão. Ele falou de uma forma muito simples que, no início, não era uma separação. Ele teve a oportunidade de assumir um cartório no Piauí e não queria deixar essa chance passar. A ideia era ele ir antes e depois levar toda nossa família, porém, minha mãe não queria ir. Havia rumores de que existia uma traição em uma viagem ao Piauí e, portanto, ela não queria que ele fosse. Segundo ele, nunca houve traição, mas decidiu ir e, já estando na nova cidade, os dias foram passando sem que fizesse contato. Internamente, ele prometia ligar no dia seguinte, mas nunca o fazia. Até que havia passado tanto tempo que ficou com vergonha de entrar em contato comigo. E, assim, passaram-se muitos anos sem me procurar. Meu pai deixou muito claro que minha mãe nunca o impediu de nos ver ou de falar conosco. A decisão de não ter mais contato foi unicamente dele. Achei nobre da parte dele me dizer isso à época.

Foi um final de semana muito emocionante para mim. Antes de ir embora, pedi que ele procurasse meu irmão Júnior. Contei que demorei cinco anos para ter coragem de pedir por esse reencontro e que meu irmão ainda não estava pronto para dar esse primeiro passo, mas que meu pai poderia diminuir essa distância. Infelizmente, ele não atendeu ao meu pedido.

Na semana seguinte a essa visita, eu não conseguia pronunciar uma palavra sobre como havia sido nosso reencontro para minha esposa. Quando tentava contar qualquer coisa, começava a chorar tamanha a intensidade que foi aquele final de semana para mim.

Alguns anos depois, em 2014 decidi levar minha família já completa com todos para conhecer meu pai e a sua família. Liguei para ele com antecedência e perguntei se poderia ir a sua casa com meus filhos e minha esposa, e ele concordou. Duas semanas antes de viajar, contei para Pedro e Laura que iria levá-los para conhecer o meu pai biológico, que era avô deles, pois eles consideravam até aquele momento apenas o avô Argento como referência. Precisei explicar por que, até então, o avô que eles conheciam da minha parte era o meu pai de coração Argento. Enquanto eu explicava, Laura teve uma reação inusitada. Ela me disse: "Então esse vovô que a gente tem lá não é o vovô daqui. Aquele vovô de lá era casado com a vovó Marlene, mas o que aconteceu?". Respondi que eles haviam se separado, então ela disse: "Que triste, não quero saber dessa história". Foi uma reação muito espontânea e precisei explicar a ela que, embora eles tivessem se separado, a gente se amava da mesma forma.

Nessa viagem, convidei novamente o meu irmão para ir conosco, mas ele recusou. Não se sentia preparado, dizia que não tinha coragem de reencontrar nosso pai. Eu gostaria muito de ter promovido esse reencontro entre eles, mas não consegui nesta vida.

Passamos quatro dias ótimos com eles. As crianças ficaram muito grudadas com meu pai e o chamavam de avô para cima e para baixo. Foi realmente muito especial e bonito de se ver. Antes de ir embora, novamente pedi que ele entrasse em contato com meu irmão.

Voltamos do Piauí em julho de 2014. No mês seguinte, no dia dos pais, meu irmão faleceu em um acidente de carro.

Saul, Pedro, Paula, Emanuel, Dani, Emmanuela, Laura, Eu e Aída na última noite em que passamos juntos, 2014.

14

SALA FRIA

PARTE III - A VIDA POR UM FIO

Era madrugada, por volta das 5h da manhã quando o telefone tocou. Todos dormiam. Ainda meio sonolento, levantei para atender. Do outro lado da linha, uma voz de mulher, entre prantos, gritava: "O Júnior morreu, o Júnior morreu".

Entre tantos gritos, a sonolência do recém acordar, eu não conseguia processar o que estava acontecendo. Aquela mulher era a minha mãe? Ela estava me dizendo que meu irmão havia morrido? Como assim o Júnior morreu?

Em algum momento, devo ter repetido o que ela gritava, o que fez a minha esposa despertar também. Tudo parecia acontecer em câmera lenta, mas a realidade é que aquela notícia me foi dada aos atropelos, em poucos segundos. Quando dei por mim, o telefone já havia sido desligado e Daniela estava ao meu lado, querendo saber o que havia acontecido. Eu não sabia explicar, não fazia ideia do que tinha acabado de acontecer. Senti que ia desmaiar, me apoiei na parede e minha esposa abraçou-me por trás e me segurou, para que não caísse. Foi quando vi o Pedro, meu filho, na época com 12 anos. Ele estava ali, parado na porta da sala, olhando minha reação a todo aquele emaranhado de informações que eu não conseguia processar. Assim como eu, ele estava atônito, completamente sem reação. Não me esqueço da cara dele.

Então, o pensamento de que eu precisava ligar para minha mãe novamente, para entender o que de fato se passava fez com que eu saísse daquele transe. Confesso que, naquele momento, acreditei fortemente que alguém se desculparia pela brincadeira de mau gosto, pela infelicidade da hora. Infelizmente, nada disso aconteceu. Do outro lado da linha, uma vizinha de minha mãe confirmava que meu irmão havia sofrido um acidente de carro e que realmente não resistiu. Sim, meu irmão havia morrido.

Tentando assimilar a notícia, eu não sabia que rumo tomar, apenas tinha a certeza de que deveria ir ao encontro deles, em Curitiba. Enquanto minha cabeça fazia contas de quilômetros, horas, tempo, tentava entender o que estava acontecendo. Eu insistia em ir de carro, sozinho, dirigindo, mas Daniela achava um absurdo – o que de fato era – e buscava um modo rápido para que eu fosse de avião. Enquanto ela arrumava uma pequena mala de roupas para mim, decidi ligar para o meu pai. Mas como dar essa notícia a um pai? Como ele reagiria? O que sentiria? Para não o assustar, pensei que seria mais prudente conversar primeiro com minha irmã, que mora com ele, pois tínhamos uma relação mais próxima.

Enquanto meus dedos procuravam o nome dela na agenda do celular, uma insólita ironia rondava meu pensamento: quantas vezes eu não insisti para que meu irmão reencontrasse meu pai, alegando que a idade avançava e que, em algum momento, meu pai não estaria mais entre nós. Todo esse tempo que tentei convencê-lo a ver o meu pai, para que a última visita não fosse em um caixão, talvez eu devesse ter feito o contrário e insistido para que meu pai buscasse um reencontro com meu irmão, porque o destino, às vezes, nos prega peças dolorosas. Meu pensamento, então, foi bruscamente interrompido quando minha irmã atendeu ao telefone. Dei a notícia a ela de forma racional e disse claramente que não tinha mais informações e que meu pai teria uma última oportunidade em vida para se despedir do meu irmão e desliguei.

Em seguida, liguei para o meu pai de coração, Argento, para dar a triste notícia. Sua esposa atendeu ao telefone e disse que ele estava muito doente, inclusive nesta época estava passando por uma fase realmente difícil, mas que depois foi superada.

Com a pequena mala pronta, entrei em meu carro e me dirigi ao aeroporto. Já havia andado anestesiado alguns quilômetros quando Daniela me ligou. Ela pediu que eu voltasse para levar a ela e a meus filhos para a casa de meus sogros. Eu estava totalmente no piloto automático, em velocidade reduzida. Voltei. Peguei minha família. Daniela me deixou no aeroporto e seguiu para a casa de seus pais.

No aeroporto, enquanto procurava um balcão para pedir informações, imaginava que meu pai atenderia ao meu pedido e que nos despediríamos juntos de meu irmão, que passaríamos juntos pela maior tristeza que teríamos em comum: para ele, a perda de um filho; para mim, a partida do irmão que cresceu ao meu lado.

Eu me sentia perdido, sem direção. Eu seguia em frente, porque era preciso, mas não imaginava o que deveria fazer ou o que esperavam que eu fizesse. Eu não sabia nada. Só tinha certeza de que eu teria de cumprir um papel que me cabia, naquele momento, dentro da nossa história de vida familiar, mas que não queria precisar cumprir e nem sabia ao certo como fazê-lo.

Enquanto esperava pelo embarque, lembro-me de estar como um zumbi, impaciente. Eu queria chegar logo em Curitiba. Eu ainda nutria esperança de que tudo aquilo era um enorme engano. Ao mesmo tempo, minha cabeça funcionava a mil por hora: o que eu deveria fazer, quais são os trâmites legais? Eu não parava de pensar. Cheguei a perguntar para a empresa aérea o que eu precisava fazer para transportar um corpo. A resposta era simples: eu pagaria como um passageiro. Essa conta não fechava na minha cabeça. Meu irmão havia se transformado em um corpo. Eu não conseguia entender. Eu não queria acreditar. Eu não estava preparado para isso.

De repente, avistei minha cunhada Camilla, que me deu um forte abraço. Esse foi o primeiro momento em que chorei um pouco e liberei um pouco daquela dor que me sufocava. Atrás dela estava meu sogro Francisco, que também me abraçou e disse que iria comigo para Curitiba.

Ao chegar a Curitiba, meus primos me receberam e fomos ao encontro da minha mãe. Aquela mulher forte que nos criou estava completamente abalada, destruída. Ela havia perdido um filho. Não deve haver dor maior para uma mãe do que essa. Ao abraçá-la, choramos juntos. Meu choro era contido, talvez ainda incrédulo, um esboço da emoção que aquela dor, ainda mal assimilada, causava em mim. Eu poderia ficar ali, abraçado com minha mãe por horas, numa tentativa de que nosso abraço pudesse calar aquela dor, aquela ausência, aquele buraco que seria eterno em nossas vidas. Porém, fomos interrompidos. Era preciso seguir com os trâmites burocráticos e foi ali, naquele momento, que meus primos me avisaram que o primeiro passo a ser dado era o reconhecimento do corpo de meu irmão no necrotério, no IML. Era eu ou minha mãe que deveria fazer isso. Essa dor eu poderia evitar que minha mãe sentisse, então, segui para fazer o que era preciso.

Minha cabeça não parava de pensar, enquanto minhas pernas apenas seguiam para os lugares nos quais eu deveria estar. Aquilo não podia estar acontecendo. Meu irmão estava morto. Morto? Como as pessoas podem morrer? Como assimilar essa notícia? Como entender que nunca mais poderia estar com ele? Essas perguntas, que jamais teriam resposta, me atormentavam. Meus filhos não teriam o tio por perto, não haveria mais risadas, brincadeiras. Enquanto minha cabeça fervia em busca de um porquê, outra leva de pensamentos invadia o espaço e eu começava a buscar racionalidade: onde vou enterrar meu irmão? Eu seguia para o necrotério, sem saber de fato o que me esperava ali, pensando como resolveria as questões de velório e enterro. Como tudo isso funciona? Como resolvo isso? Com quem devo falar? Levo o corpo para São Paulo para ser velado ou ficamos em Curitiba? Todas essas perguntas ficaram em suspenso quando cheguei ao Instituto Médico Legal (IML).

Assim que cheguei ao IML, vi ao longe a família das outras vítimas do acidente. Sim, mais duas pessoas haviam morrido. Duas pessoas estavam no veículo que bateu no carro do meu irmão. Ninguém resistiu. Ali mesmo, em meio à dor, iniciaram os boatos de que todos os envolvidos voltavam da balada e que talvez meu irmão estivesse bêbado, afinal, ele era o mais novo. Naquele momento, temi que nossas famílias pudessem entrar em conflito físico.

Caminhei até o balcão de atendimento. Uma pessoa me passou alguns formulários, pediu documentos e me fez assinar outros, então disse: "Por favor, aguarde ser chamado". Exatamente assim, automático, frio, sem qualquer sentimento. Ninguém vai me perguntar nada? Não vão me dar um abraço?

No meio dessa confusão de sentimentos, fui chamado. Era o momento de entrar e olhar para um corpo sem vida e dizer se era realmente meu irmão ou não. Percorri aquele corredor de paredes cinza, que dividia espaço com várias salas, cada qual com uma maca dentro. A primeira sala era a que meu irmão estava. Entrei. Um lugar frio, sem vida, sem acolhimento. Dentro daquele espaço pequeno, meu irmão estava deitado com um avental cobrindo as partes íntimas. Vi meu irmão completamente costurado por conta da necropsia. Seu rosto estava muito deformado. Ao ver que aquele corpo gélido era, de fato, meu irmão, toquei nele e caí em desespero. Saí daquela sala sem rumo. Eu queria correr. Correr muito, para longe da realidade, mas não tinha forças. Encostei-me a algum lugar e vomitei, e chorei compulsiva e desesperadamente.

Jamais vou me esquecer desse dia. Como é frio e solitário esse momento. Não há ninguém para amenizar a sua dor ou diminuir a dureza daquela burocracia. Aquele corpo destruído, deformado, maltratado, que me apresentaram sem cuidado algum era o meu irmão, uma pessoa que tinha uma vida, uma história, seus altos e baixos, amigos, família, mas nada disso é levado em consideração. Ali, naquele lugar, eu só precisava confirmar se era ele mesmo. Confesso que não me lembro de ter confirmado nada, acredito que o meu desespero falou por mim.

É difícil lidar com seus sentimentos no meio da necessidade burocrática que esse momento exige. Eu não podia sofrer. Não tinha direito de chorar a morte de meu irmão enquanto não terminasse com as minhas obrigações de irmão mais velho. Eu precisava cuidar da sua partida. Então, voltei ao balcão do IML para assinar uma papelada que eu não fazia ideia do que era. Confesso que se aqueles papéis fossem procurações em branco eu teria assinado sem ter ciência. Saí do IML completamente devastado.

Nossa família possui um jazigo em São Paulo, então o próximo passo era decidir se o traríamos para "casa" ou se o melhor seria continuar em Curitiba, perto de minha mãe, dos colegas de trabalho e dos amigos que formou nos últimos anos, na capital paranaense. Enquanto eu tentava decidir, a família da Danielaele Wolfart, esposa de Victor

Garani, um dos melhores amigos de meu irmão, ofereceu para que o enterrássemos em seu jazigo, em Curitiba. Senti que aquele foi um gesto nobre e cheio de amor e carinho. Aquela família estava disposta a receber o corpo de meu irmão no campo sagrado em que seus entes descansavam. Não há prova maior de carinho e lealdade. Comovido, aceitei e sou grato até hoje por esse gesto.

> **Léo Alves**
> 10 de agosto de 2014
>
> Amigos, vim para Curitiba acreditando que pudesse ser mentira, mas da mesma forma que a vida é bela, ela também é dura e me confronto com o pior momento de minha vida. O velório do Francisco Pinheiro Jr. sera aqui em Curitiba no Cemitério Municipal e o enterro será amanhã as 10:00.
>
> 👍 Curtir 💬 Comentar ➢ Compartilhar
>
> Leila Jamli Abel, Raphael Santos e outras 16 pessoas
>
> 5 compartilhamentos
>
> Visualizar comentários anteriores   4 de 53
>
> **Adriana Cruz** Força e fé Leo. Sinto muito.
> 11 de agosto de 2014 às 10:03 · Curtir
>
> **Roberto Brito Corretor** Léo, sei que ele está na Gloria do Senhor, era um grande garoto...que DEUS conforte seus corações, gostaria de estar aí para te dar um abraço, mas estou em pensamento. força..
> 11 de agosto de 2014 às 10:08 · Curtir
>
> **Cidinha Tanabe** Meus sentimentos!!
> 11 de agosto de 2014 às 18:18 · Curtir
>
> **Umberto Gino** Meus sentimentos amigo. Força e coragem.
> 11 de agosto de 2014 às 18:23 · Curtir
>
> Escreva um comentário...

Decidido o lugar onde o corpo de meu irmão descansaria, o próximo passo era preparar o seu velório. No Serviço Funerário Municipal de Curitiba, a pessoa que me atendeu sugeriu que o velório de meu irmão não ocorresse no mesmo local em que a outra família envolvida no acidente estaria. O objetivo do conselho era evitar possíveis discussões. Compreendi o zelo e decidi velar meu irmão em local diferente. Ao procurar uma funerária, fui recebido como se estivesse planejando um evento. Um catálogo de opções, entre caixões e flores, foi aberto, para que eu pudesse escolher. Eu não fazia ideia de que há diversos tipos – e preços – de caixões. A variedade é tão grande, que você não sabe o que escolher. Nada daquilo fazia sentido para mim. O vendedor da funerária sugeriu que eu contratasse um "kit" que custava cerca de R$ 25 mil. Eu estava prestes a gastar uma quantia que eu não tinha, assumindo uma dívida que eu não fazia ideia, naquele momento, de como pagaria. Foi então que o chefe de meu irmão e os colegas de trabalho e o advogado do hospital em que ele trabalhava me impediram. Eu já estava pegando cheques para o pagamento quando o advogado me tirou da mesa de negociação e ligamos para dois médicos, que me orientaram a fazer o básico. É incrível como o capitalismo corrompe até os momentos de dor. Pensando na possibilidade de uma comissão maior, esquece-se do outro, de seu sofrimento e de sua imensa vulnerabilidade emocional. Minha sorte foi ter ao meu lado meu sogro, que me acompanhou em todos os momentos, desde o aeroporto, meus primos, familiares e os colegas de meu irmão. Foram eles que me ajudaram a ter clareza naquele momento em que eu mal sabia o que estava fazendo.

 Mesmo optando por fazer apenas o básico, era preciso escolher o caixão. Lembro-me de entrar em uma sala com muitos caixões, de vários tipos e diversos tamanhos. Novamente me vi defrontado com a morte em sua essência. Ao ter que escolher o caixão de meu irmão quase vomitei de novo.

 Neste espaço de tempo, toda minha família perguntava se eu tinha avisado meu pai e insistiam em saber se ele viria. Eu queria que ele viesse, mas lá no fundo do peito havia um forte sentimento de que talvez ele não tivesse a coragem que eu tive.

Para a despedida, nós o vestimos com um terno que ele gostava. O terço que minha tia Mira havia dado a ele também o acompanhou. Quando o velório teve início, seu corpo arrumado no caixão já era mais sereno do que aquele que eu havia encontrado no necrotério. Enfim, senti que meu irmão foi cuidado e seu corpo foi tratado com respeito, para que eu e minha mãe, amigos e familiares pudéssemos nos despedir dele. Admito que me senti aliviado por todos não terem visto a cena que eu vi no IML.

Durante o velório, ao cair da noite, recebi a ligação de meu pai dizendo que não iria velar meu irmão, seu filho. Aquela notícia me desestruturou e falei coisas duras a ele. Eu não podia acreditar que aquilo estava acontecendo. Uma onda de raiva e tristeza tomou conta de mim. Ele estava nos abandonando pela segunda vez. Era ele, o pai, quem deveria estar ali, cumprindo seu papel de reconhecer seu filho, de chorar a sua morte. Como ele pôde abrir mão disso? Como ele pôde abrir mão de nós mais uma vez? Esses pensamentos me consumiam e a dor aumentava de forma imensurável.

O velório aconteceu durante toda noite e madrugada. Recordo-me apenas de receber muitos abraços e conforto das pessoas que por ali passaram. Já era umas quatro horas da manhã, não havia descansado, embora tivesse tentado. Decidi caminhar. Eu andava em círculos, em volta do cemitério. De repente, senti vontade de voltar à sala onde ocorria o velório e ver meu irmão novamente. Aos poucos, eu começava a ter consciência de que nunca mais o veria. Naquele momento, tive a sensação de que algo espiritual entrava em mim e ajudava a me despedir dele. Senti uma força muito intensa de um espírito, como se fosse um anjo da guarda me guiando para dizer minhas últimas palavras. Então, escrevi com algum batom que alguém me cedeu, no visor de seu caixão, a seguinte mensagem: "Eu não soube demonstrar meu amor por você da maneira que merecia, mas saiba que meu amor por você é enorme". Sem racionalizar, apenas sentir, sem pressa, com dor, tremendo, chorando, assinei a mensagem em meu nome, dos meus filhos, de minha esposa e de meu pai. Ao mesmo tempo em que eu tentava escrever, minhas mãos tremiam muito e eu chorava desesperadamente. Eu não tinha nenhum controle sobre meu corpo e estava debruçado em seu caixão. Não conseguia me segurar, sentia meu corpo todo se contorcendo como se dissesse que aquilo não era verdade. Apoiado no caixão, sentia que ali estávamos somente eu e ele e mais ninguém.

Ali, naquele momento, foi minha despedida de meu irmão. Deixei toda dor represada até transbordar. Eu havia perdido meu irmão para sempre, olhava para o rosto dele e me lembrava de quando éramos pequenos, do quanto eu o achava bonito, do quão inteligente ele era, das vezes em que ele aprontou comigo, sinto que fiquei ali por horas. E, abraçado em seu caixão, chorei sua partida.

Eu, Felipe e Júnior em 1987 e 25 anos depois.

Júnior, Alphaville no Reveillon, 2013.

Júnior, Juquitiba, 2009.

15

PALAVRA DE MÃE

"Às seis horas da manhã do dia 10 de agosto de 2014, fui acordada pela portaria dizendo que dois policiais gostariam de falar comigo. Autorizei a entrada e, quando entraram em meu apartamento, perguntaram se eu era mãe do Francisco, pois ele havia sofrido um acidente. Fiquei desesperada e perguntei para qual hospital ele tinha sido levado. Então, veio o silêncio dos policiais. Eles entregaram a carteira e o celular e percebi o que tinha acontecido realmente. Perdi o chão e chamei minha vizinha, que fez contato com o Leonardo, meu irmão e outros parentes.

Não tive coragem de ir ao local do acidente e nem de fazer o reconhecimento do corpo.

Foi um dia terrível, principalmente à tarde, quando me deparei com meu filho num caixão. A minha vontade foi tirá-lo de lá e levá-lo para casa. É a pior cena para uma mãe, que fica impotente diante de uma tragédia.

Nesse dia fiquei meio anestesiada. A dura realidade viria nos meses seguintes:

— Achar que tudo aquilo não passava de um pesadelo, mas quando me levantava via que o quarto dele estava vazio.

— Que nunca mais veria meu filho indo para a academia.

— Que nunca mais veria meu filho entrar em casa e falar brincando: cheguei!

— Que nunca mais passaria meu aniversário com ele.

— Nunca mais veria meu filho indo trabalhar, estudar, encontrar com os amigos e outras rotinas comuns na vida de um jovem.

Comecei a entrar em depressão. Não dormia, não me alimentava e chorara o tempo todo. Em poucos meses, já havia perdido mais de dez quilos. Achava que a culpa era minha, quando o trouxe para Curitiba contra a sua vontade. Pensava que se ele tivesse ficado em São Paulo, talvez não tivesse *acontecido o acidente. Remorso pelas discussões que, às vezes, tínhamos e outros tantos questionamentos. Ele era muito reservado, dificilmente comentava comigo seus problemas.*

Fui procurar ajuda no grupo de luto da igreja, depois busquei auxílio de psicólogo e psiquiatra. Até hoje tomo medicamentos.

Meu filho estava feliz, trabalhando como relações públicas em um hospital de Curitiba, era querido por todos, desde o diretor até a faxineira. Ele tocava teclado na Igreja Nossa Senhora da Conceição e na Igreja São João Batista, também participava do grupo de jovens e tinha muitos amigos. Júnior estava se formando na Universidade Federal do Paraná, no curso de Designer. Ele era muito preocupado comigo, principalmente quando eu adoecia ou quando precisei passar por uma cirurgia. Ele ficava comigo o maior tempo possível. Então, vem uma tragédia dessa e acaba com todos os sonhos e aspirações de um jovem. Criei meus filhos sozinha, apenas contando com a ajuda da minha mãe e ultrapassei várias barreiras, dificuldades, questionamentos e segui em frente, sempre firme, mas essa tragédia tirou minha estabilidade emocional.

Para as mães, só resta uma saída: chorar a ida precoce de um filho. É uma dor inexplicável. Até a alma da gente fica triste. Devia ter uma lei celestial proibindo uma mãe de enterrar seu filho. A dor da ausência vou levar até o fim da minha vida.

Gostaria de agradecer aos parentes que compareceram e, em especial, aos amigos e grupos de jovens que estiveram presentes no velório. Quando vi aquela quantidade de jovens, percebi como ele era querido. Meu agradecimento mais amoroso para Victor Garani e sua esposa Danny, que cederam o lugar onde Júnior foi enterrado."

Marlene de Castro
(minha mãe)

Olhar de criança

"No Dia dos Pais, bem cedo, lembro bem do meu pai no telefone dizendo: 'Calma, mãe, calma, mãe'. Isso me deixou muito assustado. Fiquei parado na porta do meu quarto vendo essa cena paralisado. Em seguida, lembro dele indo tomar banho, e seguimos para o aeroporto.

Sei que foi muito difícil para ele. Vi meu pai chorando pela primeira vez quando estávamos na cozinha cortando um pão. Não consegui falar nada, só o abracei."

Pedro Rosa
(meu filho)

"Quando eu soube que o meu tio tinha morrido fiquei bem triste. Eu brincava muito com ele e foi a primeira vez que alguém que eu conheço assim morreu. No começo, meu pai estava muito triste também, mas depois passou. Hoje, quando falamos do Júnior eu fico sem graça, achando que meu pai vai voltar a ficar triste, mas ele e minha mãe sempre falam que a gente sempre pode lembrar e falar das coisas boas de quem já morreu, mas continua em nosso coração.

Acho que o meu pai é muito forte por ter passado por toda essa situação. Amo meu pai para sempre! Adoro quando ele brinca comigo de gato-mia e damos muitas risadas."

Laura Rosa
(minha filha)

16

O ACIDENTE

Meu irmão estava em uma festa com uns amigos – dois rapazes e uma moça. Na saída, deixou os rapazes no prédio em que moravam e foi levar a moça em casa. Depois de deixá-la, no caminho de volta, ele parou em um posto de gasolina. Ao sair do posto, em uma rua lateral, bateu de frente com outro carro. Todos os envolvidos no acidente morreram na hora: meu irmão e dois homens que estavam no outro veículo.

Nunca consegui acessar o inquérito do acidente, porque isso não evoluiu, mas dizem que os homens do outro carro estavam bêbados e em alta velocidade. O exame toxicológico de meu irmão não acusou uso de drogas, nem de bebida alcoólica, o velocímetro dele estava travado em 0 km/h e o do outro carro a 110 km/h no momento do acidente.

Às vezes, fico em dúvida se foi uma fatalidade. Por algumas vezes, Júnior mencionou não ter mais vontade de viver. Constantemente, ele se sentia fracassado, dizia não ter conseguido construir nada. Em seus 33 anos de vida, foi ateu e até muito católico. Transitou bastante pelas religiões, mas acredito que encontrou o seu lugar na Igreja Católica, que frequentava na época do acidente.

Quando meus pensamentos se afastam da dúvida se Júnior colocou fim em sua vida ou não, busco acreditar que deve haver um plano maior para que tudo tenha acontecido dessa forma. Só isso explicaria um acidente tão terrível em um local tão improvável. Logo depois de chegar a Curitiba, visitei o local do acidente: não havia marca de pneus freando de nenhum dos carros, além disso, a rua é muito larga. Eu olhava e não conseguia imaginar o que havia acontecido ali. No tempo em que passei olhando para o asfalto, entendi que havia sido um acidente, na pura concepção da palavra, que poderia ter sido evitado por questão de milésimos de segundos. Se meu irmão tivesse demorado um segundo a mais para sair do posto, ou o contrário, poderia não ter acontecido, mas aconteceu. Naquele momento, comecei a questionar a respeito do papel de Deus e se ele realmente existia.

Depois desse ocorrido conheci pela internet, no Facebook, um grupo de apoio às pessoas que perderam seus entes queridos, um movimento chamado Não foi Acidente que surgiu em 2011, a partir da união de familiares e amigos de vítimas de trânsito no sentido de alterar as leis de trânsito brasileiras, que são muito frouxas e não punem à altura de seus atos os motoristas que matam mais de 60 mil pessoas/ano no Brasil. Isso mesmo, mais de 60 mil pessoas são mortas anualmente, e suas famílias são devastadas. A maior parte dos crimes de trânsito são consequências do uso de álcool e direção irresponsável, ao lado também do uso do celular durante a condução do veículo.

O NFA fez um projeto de lei com iniciativa popular por meio da OAB que hoje tramita no Congresso, com mais de um milhão e meio de assinaturas. As maiores reivindicações são: aumento da punição para quem bebe e mata (para que as penas não possam ser trocadas por penas alternativas), tolerância zero de álcool para o condutor de qualquer veículo e o aumento da fiscalização.

Continuar chamando de acidente um crime em que a pessoa assume o risco de matar ao beber e dirigir é minimizar a responsabilidade do condutor e permitir que permaneça matando impunemente. Acreditamos que só punindo com rigor é que os crimes de trânsito podem diminuir ou até acabar.

E foi por meio desse grupo que conheci famílias que foram destruídas por crimes de trânsito, conhecendo principalmente pais e mães sobreviventes, fortes em sua essência, pois eu não sei como seria minha vida se um dia tivesse que enfrentar novamente essa dor, ainda mais em se tratando de um filho, uma filha... Por isso, aqui vai minha admiração e uma singela homenagem de coração para essas pessoas, que por meio de suas dores estão se unindo-se para que não aconteçam novos episódios como esses, em especial à querida Gladys e Jô Camargo, que sempre me acolheram da forma mais carinhosa possível.

Para conhecer um pouco desse trabalho, acesse http://naofoiacidente.com.br/blog/ ou as redes sociais.

"Foram poucas as amizades que tive que posso contar como sendo aquelas que são completas, fraternais e desprovidas de qualquer interesse mundano ou material. Amizade apenas levada pelo amor, aquele em que amamos a pessoa do jeitinho que ela é, quando nos preocupamos com toda sua essência e vida. O Júnior foi esse amigo, que sempre considerei como um irmão espiritual. Sempre me lembrarei do seu bom humor, mesmo sabendo que, internamente, dividíamos aflições intensas, como a depressão.

Falávamo-nos praticamente todos os dias, mesmo depois de minha mudança para os Estados Unidos. Brigávamos também, assim como irmãos brigam, mas voltam sempre a se falar pelo amor que têm um pelo outro. Essa foi nossa rotina durante anos.

Ele se foi de forma trágica e repentina, e essa perda até hoje me causa dor. Escrevo essas palavras com olhos cheios de lágrimas, me ligo a minha fé e à esperança de que tudo tem um porquê. Sempre ligado à igreja e aos ensinamentos cristãos, Júnior me ensinou o verdadeiro sentido de amizade e da palavra amar. São poucas as pessoas que amei com essa intensidade, e a morte não apagará jamais esse sentimento que tenho por ele.

Júnior, te amo ontem e sempre, meu grande amigo irmão. Sua memória, por meio deste livro, irá ajudar as pessoas que precisam ver além da morte e entender que a vida deve ser vivida por meio de laços verdadeiros e não mundanos, como o amor entre amigos, que nunca se apagará!"

Cris Kirsner

"Nossa família espiritual durante nossa eterna jornada é imensa. Ela não se resume apenas aos encarnados/desencarnados que conhecemos nesta breve passagem aqui na Terra.

Nosso irmão, Júnior, está agora com outros membros da nossa GRANDE família e continua sua jornada.

Não mais com o papel de seu irmão, mas como irmão e amigo de todos.

Os papeis vivenciados na Terra são diferentes em cada vida e quando partimos, voltamos a ser espírito em busca do amor maior.

Cada um na Terra contribui na medida em que pode, em cada passagem, em papeis diferentes, e juntos seguimos para a evolução.

O PAI pede para elevar os pensamentos, que não deixe nenhum sentimento de culpa por algo que não fizemos ou falamos, criar espaço no nosso coração e se tornar hospedeiro.

Pede para vigiar estes pensamentos que alimentam e ganham força, quando estamos tristes, pelos nossos irmãos desencarnados e ignorantes que ainda acreditam que podem nos punir ou cobrar por alguma ação errada passada, quando também éramos ignorantes.

Pede para lembrar que o Léo tem tido muita força e que tem buscado com toda a coragem o melhor caminho de luz.

Pede para lembrar que palavras muito bonitas foram ditas para o nosso irmão Júnior enquanto ele estava aqui na Terra.

Se duvidas, pede para lembrar que o nosso irmão escutou lindas palavras e se sentiu orgulhoso de você no último Natal quando você discursou. Agradecendo a todos e ressaltando a importância de cada um em sua vida.

Pede para confiar que nosso irmão Júnior será bem amparado e que tem coisas e aprendizados lindos para viver aqui e agora dentro do nosso tempo que não é o mesmo da Terra.

Que tua família terrena quer te ver forte a cada dia para você continuar sua missão e seu trabalho dentro da sua jornada. Todos fazem parte de uma grande teia, a qual estamos interligados.

Fique em paz.

Um forte abraço e beijo de seus irmãos e amigos da GRANDE família.

Camilla Rosa

"Falar do Leonardo é um pouco difícil, porque ele se oculta muito, é muito tímido, reservado, assim como quando foi a nossa casa para conhecer a família da namorada Daniela, nossa filha. Muito educado, muito menino ainda, tinha 17 anos, a mesma idade da Daniela.

Eu o acolhi como um filho que não tínhamos, pois temos três filhas. O convívio se fortaleceu com nossos almoços, jantares, passeios para a praia, em todos os lugares o Léo estava com a gente, era da família, ele foi amadurecendo junto com a Daniela.

Em 18 de novembro de 2002, chegou o Pedro, nosso primeiro neto, filho da Daniela e do Léo, foi muita alegria e agradecimento. Depois chegou a Laura, em 31 de janeiro de 2008, completando nossa família, crianças tão amadas.

O Léo faz parte da nossa família e sempre fará.

Com tudo o que ele já passou na vida e com sua experiência de sofrimento com a separação dos pais. E depois de alguns anos, com a morte de sua avó materna.

A trajetória do Leonardo depois da "viagem" do Francisco (Júnior) em um primeiro momento foi de muito sofrimento, rancor, desânimo, falta de fé, entrou em uma caverna muito escura e longa.

Mas em algum momento, ele cansou e quis procurar a saída e receber a luz que tanto precisava para se dar a chance de viver para entender o que aconteceu.

Isso é sabedoria, tem que colocar toda nossa força de alma. A trajetória do Léo está sendo magnífica e corajosa.

Agora quero falar do Júnior, dele é muito fácil falar, desde que o conheci, ainda menino, sempre via aquele ser esperto, sorridente, alegre, sempre tirando sorrisos a sua volta. Também foi recebido em minha casa como um parente querido.

Cresceu junto com Daniela, Cris e Camilla, e o tratamento era de irmãos, elas gostavam muito dele, como todos nós. Não tinha como não embarcar nas suas piadas inteligentes e engraçadas.

Uma época, tínhamos um estacionamento na região do shopping Morumbi. Eu e meu marido Francisco tomávamos conta e de vez em quando pedíamos apoio para amigos em dias de muito movimento, e o Júnior sempre nos atendia. O Júnior se reunia com os manobristas e a risada corria solta com suas piadas, até nós entrávamos na energia dele, de vida e felicidade. A gente trabalhava feliz, ani-

mado, pois ele tinha o dom de fazer de qualquer assunto uma piada inteligente e propícia para o momento.

Vários Natais juntos, amigo secreto, até Papai Noel ele foi para agradar a sobrinha.

No último Natal que passamos com o Júnior, tivemos um amigo secreto na casa do Léo e da Daniela em que cada um comprava qualquer objeto que serviria para homem e mulher. E a pessoa pegava o presente, e quando abria se alguém gostasse podia trocar. Era o 'amigo secreto ladrão'.

Lembro bem desse dia, a Marlene (sua mãe) gostou de um colar que estava com outra pessoa e ela falou para o Júnior que tinha gostado do colar, e ele disse para ela que iria conseguir o colar. Ele foi trocando todos os presentes até chegar ao colar para a sua mãe. Ela ficou toda feliz e ele também, ainda dizendo que quem merecia o colar era a mãe dele. Éramos em seis mulheres, todas de olho no colar.

Sem nenhuma demagogia, ainda não encontrei alguém como o Júnior, sinônimo de vida.

Vou finalizar com uma pergunta que alguém fez para um palestrante em uma casa espírita:

'Ele tinha um amigo, tão legal, tão feliz, tão generoso, muito jovem, e certo dia ele teve um ataque do coração e morreu ali mesmo. Por que essa pessoa morreu tão cedo?'

Toni, o palestrante, respondeu: 'Você queria que uma pessoa com toda qualidade que você falou ficasse aqui por mais tempo por quê?'

Neste mundo, Júnior cumpriu sua missão. Ele deixou a mensagem necessária para todos.

Júnior nos deixou sorrisos, amor e juventude.

Aquele dia fatídico não vou comentar, porque quero manter a lembrança bonita que tenho dele."

Vera Rosa

"Sou pai de três filhas, as quais criei com muito amor e carinho, as quais procurei proteger das coisas ruins do mundo e orientei-as a um futuro bom. Assim, pensei que cada uma delas se casaria, constituiria sua família e gradualmente se afastaria de nós para cuidar de sua própria vida, como é natural em toda família. Mas a vida me pregou uma peça, e uma das minhas filhas conheceu o Léo e me apresentou a ele. A partir desse momento, senti dentro de mim que em meu coração havia lugar para mais um, meu primeiro genro, muito íntegro e honesto, o qual considero não apenas como marido de minha filha, mas como se fosse meu próprio filho, um amor incondicional, de pai para filho, mas como a felicidade nunca vem só, tive o imenso prazer de conhecer o Júnior, então meu coração acolheu mais um filho, e passei a ter cinco filhos/as.

O Júnior me ajudou muito em toda a parte de criação e arte de minha loja, trabalhos e criações que perduram até hoje, ainda me pego com ele na lembrança, pessoa magnífica que deixou muita saudade.

Leonardo, fico muito orgulhoso de tê-lo como genro e desejo de coração toda a felicidade do mundo, que seus projetos se realizem e que você tenha muito sucesso, parabéns. E quanto ao Júnior, que Deus o tenha em um bom lugar."

Francisco Santos Rosa

17

ÚLTIMO NATAL

Às vezes, me pego pensando como a vida trabalha a favor dos laços, das relações, da manutenção do que é importante para nós e que, muitas vezes, não percebemos porque estamos ocupados demais com aquilo que deveria nos ocupar de menos. Se parássemos um segundo para pensar sobre isso perceberíamos facilmente que, no fim do dia, quem complica somos nós, seres humanos. Nós é que falamos mais não do que sim. Nós é que nos amarramos em velhos conflitos. Nós que sucumbimos à falta de coragem. Hoje, eu percebo tudo isso com muito mais clareza. E me permito contemplar, agradecer e sentir o que a vida me dá.

Há muito tempo que não conseguíamos reunir toda a família para o Natal. Minha mãe e meu irmão estavam distantes de mim geograficamente e administrar essa logística não era fácil. Porém, em 2013, foi diferente. Naquele ano, todos nós passaríamos o Natal juntos. Em minha casa, minha esposa, eu e meus filhos recebemos minha mãe, meu irmão, minhas cunhadas e meus sogros. A família estava completa.

Eu, Vera, Pedro, Francisco, Júnior, Cristina, Laura, Marlene e Daniela no Natal, 2013.

Fico extremamente emocionado quando me recordo daquele Natal. Foi mágico. Foi divertido. Foi muito alegre. Estávamos todos felizes. Meu irmão decidiu que se vestiria de Papai Noel para meus filhos, mais precisamente para a Laura que ainda acreditava no bom velhinho. Então, ele sugeriu que poderíamos levar alegria para outras crianças. Coloquei um aviso no meu prédio que quem quisesse receber o Papai Noel era só me avisar.

Roupa barata alugada, bota de plástico, sino emprestado. Estava tudo preparado e, como num passe de mágica, meu irmão Júnior se transformou no Papai Noel mais simpático e feliz que eu já havia visto. Naquela noite, visitamos por volta de dez apartamentos, além do meu. Eu era o ajudante do Papai Noel, minha cunhada Cristina e meu filho Pedro também estavam conosco. Passeamos pelo condomínio, conversamos com as crianças, arrancamos sorrisos de vários rostos, mas o que mais me marcou foi o nosso encontro, a nossa sinergia. Antes desse Natal, não lembro quando havíamos nos divertido tanto juntos.

Francisco, Júnior, Camilla, Daniela, Marlene e Vera no Natal, 2013.

Aquela noite de Natal estava muito quente. A roupa abafada de Papai Noel se somava ao travesseiro que fingia ser uma barriga e retinha mais calor. Lembro que Júnior suava absurdamente. Eu me encostava nele e percebia sua roupa encharcada. Ele dizia que não podia cumprimentar as pessoas porque estava muito molhado de suor. Aquilo que poderia ser um incômodo nos arrancava gargalhadas. Estávamos nos divertindo muito e juntos. Detalhe: ele não podia rir muito, pois a barba caía por causa do suor.

Lembro claramente de todas as famílias que visitamos. Com os olhos brilhando, um garotinho de três anos, ao ver o Júnior, gritou: "Papaaaaaiiiiii Noeeeellllllllllll, sente-se aqui". Não há nada mais emocionante do que ver os rostos iluminados das crianças nessa hora.

Quando a noite acabou, Júnior me disse que havia sido o melhor Natal de sua vida, que o fez perceber o quanto era importante estarmos juntos, o quanto era importante ajudar a levar alegria para os outros, que tudo o que havíamos vivido naqueles instantes natalinos foi a melhor sensação que experimentou nos últimos tempos. Essa fala dele me marcou profundamente. Eu também estava feliz.

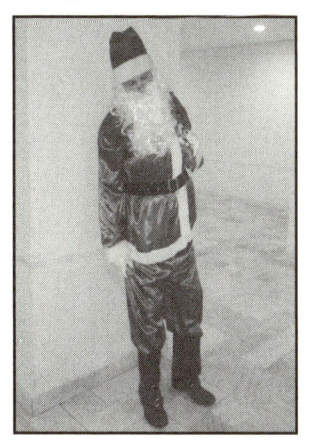

Júnior se preparando e descansando na Noite de Natal, 2013.

Noite de Natal visitando as famílias, 2013.

18

ACEITANDO A DOR

O primeiro dia do ano de 2016 acabava de nascer. Eu acreditava que havia superado a morte de meu irmão, teimava comigo mesmo que havia vivido meu luto. Mesmo assim, algo em mim estava diferente. Era o trabalho. Só podia ser o trabalho. Integrante da Odebrecht, eu vivia toda a tensão que a Operação Lava Jato estava provocando, desde julho de 2015, em todos na empresa. Não, era mais do que isso. A culpa não era da Lava Jato. A verdade é que eu me sentia traído. Entrei naquela organização e, aos poucos, fui criando uma paixão: pelas pessoas, pela cultura, pelo que eu fazia. Prometi amor eterno. Sonhei ficar ali até o dia da aposentadoria. Imaginava meus filhos fazendo carreira ali, naquele mesmo lugar que eu tanto amava. Agora, a Polícia Federal escancarava na minha cara que o amor não era recíproco, era só fachada.

Eu sei, você que me lê agora deve estar achando que sou louco ou ingênuo. Minha fala acima parece o clichê mais barato e brega. Mas eu te garanto: por muito tempo, durante as investigações, eu esperei pelo momento em que diriam que tudo não havia passado de um terrível engano. Exatamente como encarei os primeiros momentos da notícia da morte de meu irmão. Eu amava o meu trabalho e amava aquela empresa. No fundo, sabia que uma coisa ou outra seria verdade, mas eu não imaginaria aquele episódios para a empresa que tanto acreditei e confiei. Eu estava decepcionado, perdido, abalado. Há pouco tempo tentava lidar com a perda de meu irmão, agora teria de lidar com esta situação.

Tenho consciência da grandeza da empresa, dos projetos gigantescos que finalizou, da quantidade de famílias envolvidas, do esforço de cada um em realizar da melhor forma seu trabalho e tenho certeza de que haverá sim dias melhores para comemorar, amparados pelo novo compromisso de cada funcionário em construir uma história diferente.

Entre o luto, que eu julgava superado, e a perda do referencial no trabalho, aos poucos, comecei a me isolar. Saía cedo para trabalhar, chegava tarde e ia direto para o meu quarto. Pouco via meus filhos. Não conversava com a minha esposa. Eu queria estar sozinho. Já não brincava mais com as crianças, vivia nervoso, solitário, recluso. Não demorou muito para que a vontade de acabar com essa dor começasse a crescer dentro de mim. Todos os dias, ao voltar para casa, pensava em colocar fim ao meu sofrimento. Sumir seria a solução?

Voltei a fazer psicanálise e contei sobre os impulsos de acabar com a minha própria vida. Durante os primeiros três meses, minha psicanalista conduziu o processo até que um dia ela sentenciou: "Léo, não posso mais seguir sozinha, preciso que você procure um psiquiatra, pois a partir daqui precisamos de mais ajuda".

Depressão. Psiquiatra. Depressão. Psiquiatra. Essas palavras não paravam de ecoar na minha cabeça. Eu estava resistente em aceitar. Tinha receio do processo que seria o tratamento psiquiátrico. Tomar medicação? Eu, com depressão? Depois de duas semanas e a leitura de alguns textos sobre o assunto, decidi me render e procurei o médico.

Quando cheguei ao consultório, encontrei na sala de espera pessoas com problemas psiquiátricos avançados. Algumas tremiam, outras tinham o olhar vazio. Entrei em desespero. Fiquei com medo de enlouquecer, de ficar dependente de remédios, de me perder para sempre. De repente, o meu nome é chamado e o fluxo de pensamentos é interrompido. Entrei na sala e contei ao médico sobre os acontecimentos dos últimos anos. Sim, eu estava com depressão e crise de ansiedade. Naquela primeira consulta, não era possível avaliar o grau da minha doença, mas eu estava doente. É muito duro admitir, é dolorido, mas não é nem um pouco desonroso: depressão é uma doença e eu estava doente.

A essa altura da vida, já quase não dormia. Eu ficava ligado por muito tempo e, quando ia dormir, a mente não desligava. Sentia que minha cabeça estava dentro de um liquidificador, o tempo todo. O máximo de descanso que eu conseguia eram breves cochiladas. Para seguir em frente, eu precisava de medicação. Durante o dia, eu tomava dois remédios, que tinham como objetivo me dar ânimo. À noite, outro comprimido entrava em cena, agora com a finalidade de me ajudar a dormir e, consequentemente, descansar.

No início da medicação, alguns sintomas adversos eram claros para mim. Eu sentia tontura, falta de apetite, uma sensação estranha me acompanhava e, por algumas vezes, pensei em parar de tomar os medicamentos. No entanto, segui adiante. Meu psiquiatra já havia me alertado que o corpo e que era natural precisar de uma adaptação ao medicamento.

Quando meu corpo se equilibrou com a medicação, voltei a ter vontade de fazer as coisas. De certa forma, também passei a me sentir mais feliz. Voltei a olhar para a minha família como algo bom em minha vida. Gradualmente, troquei o foco da minha atenção para o que havia de positivo em minha casa. Esse equilíbrio que o remédio me proporcionou também refletiu no meu processo de psicanálise. Hoje, eu ainda tomo medicação, em doses menores, e me preparo para uma fase de diminuição gradual dos medicamentos para, um dia, não precisar mais deles.

Às vezes, tento buscar uma explicação para a resistência em admitirmos a depressão ou a procura por ajuda. Quando estamos gripados não ficamos com vergonha de dizer que estamos doentes, não achamos absurdo nos medicar, inclusive, não vemos nada de errado em nos automedicar. Por que, então, é tão doloroso assumir a depressão?

Vivemos em um mundo em que as doenças mentais são classificadas como loucuras. E ninguém quer ser louco. Na verdade, imaginamos que uma doença mental resulta em pessoas tortas, babando, falando coisas sem nexo, presas em um hospício. Essa é a interpretação mais radical. Na outra ponta, há a classificação de que é tristeza, e tristeza passa. Aliás, estar triste é sinônimo de frescura, de fraqueza. Por isso que a depressão não é assumida. Na maioria das vezes, nem sequer é diagnosticada porque quem sofre não procura ajuda, mas vai ao fundo do poço e perece.

O meu processo de aceitação da depressão também não foi fácil, mas, a partir do momento que eu decidi buscar ajuda e não mentir para mim mesmo sobre o meu problema, a vida voltou, aos poucos, a fazer sentido. A relação com meus filhos e minha esposa melhorou de forma muito significativa. Saí do meu quarto, abri a porta do meu mundo para a família que construí e tanto amava. Permiti que eles entrassem no meu universo, expliquei o que se passava comigo e deixei que eles estivessem ao meu lado para me ajudar a superar esse problema. Minha esposa, Daniela, esteve comigo desde o início: eu contava o que sentia, o que o médico havia falado e os caminhos que estava escolhendo. Ao meu filho Pedro, com 14 anos, explicava que não estava feliz, que a empresa que eu trabalhava não estava passando por um bom momento. Já a Laura, com seus nove anos, passou a me ajudar com a medicação. Como os remédios afetam levemente minha memória, corro o risco de me esquecer de tomá-los; para isso não acontecer, minha menina cuida de abastecer a caixinha semanal que aponta o remédio do dia. Ela se diverte com a tarefa e me ajuda nesse processo.

Um dia, conversando com uma psicóloga, ela me disse que eu poderia estar com depressão já há muito tempo e que talvez não tivesse me dado conta. Acredito que foi isso mesmo o que aconteceu comigo. Alguns sinais devem ter aparecido e eu não dei importância ou não entendi que aquilo ali pudesse ser o início de um processo um pouco mais doloroso.

Hoje, estou mais próximo dos meus filhos. Faço questão de realizar várias atividades com eles, inclusive consigo pegá-los na escola, quase que diariamente. O caminho de volta para casa é alegre, cheio de conversa, brincadeiras e risadas.

Sinto que nunca estive tão feliz com eles.

Embora tenha voltado a ser feliz, sei que depressão não tem cura. Tem tratamento. Tem controle. Mas esse será um monstro interno que terei de domar diariamente.

"Todo início de terapia é sempre assim: as pessoas chegam ressabiadas, quietas ou falando sem parar. Normalmente, quando são do sexo masculino, são quietos, desconfiados, observam mais do que falam. Com o Léo Alves não foi diferente.

Quando nós, terapeutas, iniciamos uma sessão, nunca sabemos o caminho que está reservado para a dupla terapeuta-cliente. Alguns desistem no meio, outros fazem a lição direitinho. Há quem suma e depois reapareça com o olhar perdido e gritando por ajuda. Essa é a função do terapeuta: estar sempre presente, para quando nossos pacientes estiverem precisando. Segundo o Dr. Eduard Bach, médico que desenvolveu os Florais de Bach, 'somos como irmão mais velho, sempre pronto para ajudar'. E assim me coloco até hoje.

Nosso caminho percorrido na terapia foi até do meu ponto de trabalho 'rápido'. A mudança que vejo no Léo, a sua desenvoltura, está me surpreendendo, dá uma pontinha de orgulho de saber que ele está fazendo a lição corretamente. Fazer dos obstáculos uma ponte para alcançar seus objetivos não é fácil. A teoria (nossas conversas) tem um peso grande, mas tomar coragem de levantar o tapete e limpar a sujeira tem um peso muito maior. Encarar os fantasmas, olhá-los de frente e ter a coragem de enfrentá-los, enterrar os mortos, fazer do passado um aprendizado para o presente: tudo isso requer muita autoanálise, às vezes, chega até doer. Mas a vontade de mudança, a certeza de estar indo para o caminho certo é o que dá a coragem de enfrentar todos os medos.

Eu sei o quanto você está sentindo 'friozinho' na barriga, enfrentando entrevistas, dando palestras, gravando vídeos, seguindo essa nova carreira. O Leonardo (velho) está dando lugar ao Léo (o novo).

Fico muito feliz de saber que sua caminhada não foi interrompida, que você está num processo de mudanças, mas com a certeza de descobrir que o seu brilho está vindo de um caminho, no qual você nunca iria imaginar. Parabéns, siga o seu sucesso."

Meire Gomes
(Terapeuta floral e psicanalista)

19

PONTO DE VIRADA

No dia em que meu irmão faleceu, comecei a sentir uma raiva muito grande do meu pai. Passados alguns dias do enterro, essa raiva ultrapassou os limites. Eu remoía dores do passado, relembrava o abandono, e o sofrimento crescia. Por três anos, alimentei essa raiva e essa dor. No entanto, em meus lampejos de orações (estava tentando retomar a minha fé), sempre pedi para que esse sentimento negativo saísse de mim. Eu não me preocupava com o que ele estava sentindo, minha preocupação era com o que eu sentia, pois a raiva estava me matando por dentro.

No início de 2017, decidi fazer um curso de formação em *Coaching* de Vida & Carreira e, além de encontrar um novo caminho profissional, consegui ressignificar toda minha dor.

Formação no *coaching*.

Em um determinado momento do curso, levantei a mão extremamente nervoso e emocionado e coloquei os meus dragões para fora. Disse que não sabia o motivo de estar ali e que minha vida era uma droga. As pessoas me olharam atônitas, sem entender nada. No retorno para casa, fiquei pensando se fazia sentido estar ali naquele curso. Ao chegar, conversei com a Daniela e ela me incentivou a voltar.

No dia seguinte, em uma das dinâmicas, precisei me juntar a outra pessoa para realizar um exercício que tem como objetivo limpar uma memória passada. Para que isso fosse possível, era preciso escolher uma lembrança, voltar a ela, reviver o momento e trabalhar para enxergar o que era possível fazer de diferente.

Durante o exercício, decidi reviver o momento em que liguei para o meu pai, quando meu irmão faleceu. Enquanto falava para a minha dupla, que conduzia o *coaching* em mim, o que tinha acontecido, ele perguntou: "Léo, o que você poderia ter feito de diferente?".

Na hora, deu um estalo interno e eu percebi que fui o homem da casa durante todos esses anos até o falecimento do meu irmão. Meu pai nunca deu atenção para mim ou a meu irmão, nunca se preocupou. Não seria na hora da morte que ele se preocuparia.

Esse *insight* aconteceu em segundos, e respondi ao *coach* como eu poderia ter falado com o meu pai de forma diferente. E eu me imaginei falando dessa forma: "Pai, o Júnior faleceu, sinto muito, estou muito triste". Percebi que eu poderia ter assumido a responsabilidade do processo. Era como se a conversa continuasse assim: "Deixe comigo que vai ficar tudo bem e eu já conduzi o que tinha que fazer aqui, fique tranquilo".

Enquanto eu falava isso para o *coach*, senti que falava para o meu pai. No evento, eu chorava compulsivamente. Naquele momento, me senti liberto. Havia caído a ficha de que fui o responsável a vida inteira, então, nesse momento, deveria continuar sendo a pessoa responsável pela família, e isso incluía dizer de forma generosa que esse papel não era do meu pai, mas que ele seria bem-vindo se quisesse prestar homenagens e se despedir de seu filho.

As coisas aconteceram do jeito que tinham que acontecer. Meu irmão faleceu e fui ao IML. Se não tivesse sido eu seria a minha mãe, e não queria isso para ela.

Saí do curso estranha e intensivamente renovado, e hoje eu sinto uma paz interna em relação ao sentimento com meu pai. Porque, nesses últimos anos, desde o falecimento do meu irmão, todos os dias me lembrava do meu Júnior, da cena dele no IML, do caixão e remexia a raiva em relação ao meu pai. Hoje, eu me lembro do meu irmão só de forma sadia, divertida, lembro os momentos bons que tivemos e sinto que meu coração está mais calmo.

Minha compreensão é de que não preciso esperar meu pai me pedir perdão; pelo contrário, eu que tenho de perdoá-lo de coração. Mesmo não tendo convivido com ele, percebo que muitas das minhas limitações são parecidas com as dele.

Hoje, tenho clareza de que minha depressão, a vontade de me matar, a crise na empresa, a crise existencial, tudo isso foi resultado da relação com meu pai e da que eu queria estabelecer com meus filhos, dos erros que não queria cometer e dos sofrimentos que não queria impor àqueles que tanto amo.

O *coaching* me trouxe uma clareza profunda de que ninguém, em nenhum momento, é preparado para enfrentar tantas perdas. Inconscientemente, sempre me senti abandonado pelo meu pai e isso se refletiu em muitos momentos da minha vida, me causando dor, sofrimento e dúvidas. Então, de repente, vivi o pior momento da minha vida com a perda do meu irmão. Tudo isso fez com que eu fosse para o fundo do poço. E, durante o *coaching*, quando olhei para tudo isso de frente, encontrei a mola propulsora que me tirou do buraco. Hoje, encontrei não só paz na minha vida, como descobri meu propósito. Agora, sei como posso ajudar as pessoas a se sentirem melhor em suas vidas.

"Conheci o Léo em um dos meus treinamentos. Em determinado momento, ele se levantou e contou um pouco da sua história de vida. Posso dizer que foi um dos momentos mais fortes do treinamento.

Lembro muito bem da cena: ele de pé, com o microfone na mão, trêmulo – ele nunca havia feito isso! –, começou a falar, e a cada palavra foi emocionando cada pessoa presente na sala.

Sou muito grato pela oportunidade de ter feito parte dessa história e muito feliz por saber que esse dia abriu a porta para tirá-lo de um ABISMO e abrir espaço para a criação desta obra.

Que este livro tenha o mesmo efeito positivo para muita gente, assim como as suas palavras foram para todos aqueles que estavam presentes na sala naquele dia."

Fábio Di Giácomo

"Estou muito feliz com a oportunidade de contar um pouco sobre o Léo. Na verdade, nem o conheço muito bem, mas nos conectamos por algo muito maior.

Sabe aquele empurrãozinho que faltava para que uma pessoa tomasse uma decisão que muito provavelmente foi libertadora para sua vida? Pois é, foi assim que aconteceu.

Participávamos de um curso de formação de coaching. Eu ocupava as últimas fileiras. Houve um momento do curso em que as atividades começavam a nos provocar com exercícios que, de certa forma, faziam com que mergulhássemos em nossas crenças, culpa e dor. De repente, um homem começou a dar seu depoimento. Confesso que eu não sabia o que pensar ou como me comportar diante daquela situação. Foi simplesmente uma 'catarse'.

Ele, muito emocionado, começou a falar da sua história de vida, como se estivesse vivendo cada segundo da sua dor. Todos estavam contagiados por aquela emoção e com uma vontade louca de acolhê-lo. Eu não consegui olhar para o lado para ver quem era, porque não queria constrangê-lo. Coisa da minha cabeça. Fiquei paralisada pela tamanha coragem em se expor daquela forma. No fundo, sabia que tinha chegado o momento libertador daquela pessoa que eu não conhecia, mas sentia.

Eu tive o meu momento de libertação também. Muitas pessoas comentam que escrever livro virou moda, mas poucas sabem que o fato de você ter a coragem de contar a sua história e perceber que pessoas estão se inspirando em você para buscar a mesma libertação é uma experiência maravilhosa. Definitivamente, que ótimo que virou moda.

Foi assim que conheci o Léo. Eu tinha acabado de escrever um livro – Ter&Ser na Vida Corporativa – que, para mim, foi transformador. Ele me deu a coragem para fazer o que faço hoje. Inclusive, influenciou minha vida pessoal com um resgate familiar muito significativo: tive a alegria de ter o meu filho como ghost writer do meu livro.

Estava contando sobre o livro para as pessoas do curso. De repente, alguém bate nos meus ombros e diz:

— Você é a Ana Costa?

— Sim.

— Soube que você escreveu um livro

— Você é aquele rapaz? – perguntei timidamente.

— Sim, sou eu.

— Você está com uma cara tão animada! Como pode diante do que ouvi ontem?

— Pois é, também não sei. Só sei que foi maravilhoso. E, por falar nisso, eu gostaria muito de escrever um livro.

Acho que isso irá me ajudar e muito. Pode me contar mais da sua experiência?

Entramos naquele mar de emoções e transformamos a dor em um grande projeto de vida. Parabéns, Léo, sou sua fã de alma. Essa experiência é para quem tem coragem de sair da ilusão e enfrentar seus medos e suas dores e transformá-los em um grande aprendizado. Espero que a sua história de vida desperte muitas pessoas."

Ana Silvia Costa
(Consultora SR. Arquitetura e
Desenvolvimento Organizacional e
Design de Carreira)

20

REVOLUÇÃO

Alguns meses depois do curso de *coaching*, que me ajudou a ressignificar os sentimentos em relação ao meu pai, decidi ligar para ele. Porém, antes disso, precisava visitar a casa onde morei na infância.

Eu e Júnior quando retornamos para revisitar a casa que moramos em nossa infância, 2010.

Por diversas vezes, tentei dar esse passo, principalmente depois da partida do Júnior, mas não havia conseguido. Um dia, motivado pela minha psicanalista, saí da terapia e passei em frente à casa. Para minha surpresa, estava em reforma, com os pedreiros lá. Pedi licença e pude entrar. Foi uma sensação indescritível. A casa estava igualzinha a minha época de criança: armários, esconderijos, banheiros, tudo exatamente o mesmo. Estar ali, naquele momento, foi sensacional para mim. Enquanto estava lá, por muitas vezes me lembrei do meu irmão, ele pequeno, feliz, divertido...

Depois de visitar a casa onde morei na infância, liguei para o meu pai e nos falamos brevemente. Eu disse que a nossa última conversa havia sido extremamente desagradável e que gostaria de me desculpar pela forma como havia falado com ele. Completei dizendo que continuávamos morando no mesmo lugar e que se ele quisesse se aproximar ou ter contato com as crianças que seria bem-vindo. Ele perguntou coisas bobas e encerramos a conversa.

Hoje, meu sentimento em relação ao meu pai está vazio. Simplesmente não penso nele. Não me incomoda, não me tira o sono, não me traz preocupação ou palpitação. Antes eu tinha um desejo muito grande de ter meu pai conosco, de que ele fizesse parte da minha família e eu da dele, não só por mim, mas pelos meus filhos também. Esse desejo não existe mais. Sou muito grato ao meu pai por ele ter me dado a vida e por eu ter tido a oportunidade de constituir minha família, que tanto amo e quero cuidar.

Embora eu não nutra mais vontade de colocar energia nessa relação, não há raiva, nem dor, nem sofrimento. Há leveza, libertação. Eu não preciso mais dele para ser feliz. E uma coisa, por fim, me deixa muito feliz: eu mesmo ter levado meus filhos para conhecer a família. Sei que futuramente eles poderão, sim, ter os próprios encontros que a vida nos coloca.

Laura, meu pai e Pedro, no Piauí, 2014.

21

EM PAZ

Logo quando meu irmão faleceu, fiquei muito atordoado. Eu me sentia culpado, também nutria a dúvida de como o acidente aconteceu, e a incerteza sobre como ele estava me deixava aflito, então, fui em busca de uma forma de contato.

Depois de seis meses de sua morte, fui a uma casa de psicografia em Osasco (SP), chamada Pais e filhos, em que aos domingos fazem esse trabalho. Cheguei ao local por volta de 4h30min da manhã e, embora ainda fosse madrugada, acredito que já havia cerca de mil pessoas na fila, à frente. Quando chegou a minha vez, preenchi um breve cadastro, com o meu nome e o de meu irmão. Passei o dia todo aguardando até o momento em que leram as psicografias, porém, não fui contemplado com uma mensagem naquele momento.

Nesse local, pude conhecer algumas famílias que haviam passado pela mesma ou pior situação do que passei e perderam entes queridos de forma abrupta. Embora não tenha recebido uma mensagem de meu irmão, tinha a oportunidade de ouvir psicografias muito bonitas para outras pessoas. Essas cartas possuíam detalhes muito pessoais, que me fizeram ter a certeza de que eram uma realidade.

Voltei para casa um pouco frustrado, confesso, mas percebi que não era só eu que estava passando por aquele sofrimento e, de alguma forma, pude me sentir um pouco acolhido em compartilhar a minha dor.

Tempos depois, encontrei um centro que fazia o mesmo trabalho de psicografia e ficava localizado na região central de São Paulo. No local, fui orientado de que as psicografias costumavam acontecer de uma forma mais natural, após um ano do falecimento, pois, em tese, após esse período, o espírito da pessoa já está mais reconfortado e assumiu sua nova condição, podendo assim transmitir alguma orientação aos familiares.

Quando completou 12 meses da partida de meu irmão, voltei a esse centro junto de minha esposa e minha filha e, depois de fazer o cadastro, fiquei esperando por uma resposta. Assim que fui chamado, comecei a chorar. Minha filha estava comigo e tentava entender o que estava acontecendo, então, li para ela a carta e, juntos, nos emocionamos muito.

Reprodução da carta psicografada de meu irmão.

Reprodução da carta psicografada de meu irmão.

Meu irmão,

Quanto prazer em poder lhe contar que existe, sim, a vida eterna.

Todos passamos por estas idas e vindas algumas vezes, mas pela misericórdia divina não nos lembramos quando reencarnamos na matéria.

E eu voltei primeiro!

Estou muito bem assessorado, tenho recebido muito carinho, e momento de fortalecimento, mas tranquilizem-se, estou bem!

Em uma nova oportunidade poderei lhe contar um pouquinho mais.

Receba meu abração apertadão!

E se a dúvida lhe envolver, recorra às obras de Kardec e receberá a resposta divina, leia o evangelho de Jesus que receberá lições pra o seu caminho.

Com carinho
Francisco
26/07/2016

Ter recebido essa mensagem de meu irmão me trouxe um certo conforto. Como acredito na vida após a morte, estava ansioso por ter notícias dele, porque precisava saber se meu irmão estava bem. Por isso, para mim, foi muito importante ter percorrido esse caminho. De alguma forma, suas palavras naquele pedaço de papel me fizeram sentir que ele estava bem e sendo acolhido.

Lembro-me de ter chamado minha mãe para ir conosco, mas ela não quis e respeitei, pois acredito que cada um tem seu caminho e seu tempo. Porém, nessa minha busca, conheci muitas mães que são reconfortadas nesse momento.

22

NÃO DEIXE PARA AMANHÃ

Vou encerrar este livro com uma breve recomendação, se fizer sentido para você: não deixe para amanhã o que pode fazer hoje. Parece clichê, eu também sei, mas não é. Resgate suas relações, demonstre seu carinho por aqueles que ama, cuide da sua saúde emocional, respeite-se.

Cada pessoa que cruza o nosso caminho tem uma importância específica em nossa história de vida. Talvez não seja fácil perceber isso na hora, mas tenha certeza de que cada um que já tropeçou no seu caminho tinha uma função. Mas não é só isso: todo mundo tem um ciclo a cumprir nessa vida, por isso é tão importante não deixar para amanhã, afinal, não sabemos quando o fim desse ciclo chegará.

E se eu puder encerrar com uma dica de ouro, diria: não fique preso ao passado. Resgate o que há para ser resgatado e encerre os ciclos, as histórias, dê fim ao que precisa de um ponto final, mas não fique indo e voltando ao que passou, pois isso só traz sofrimento, dor e desequilíbrio. É impossível consertar o que já foi feito, mas é possível fazer diferente a cada dia.

Nos últimos três anos, em especial, fiquei me matando internamente devido à perda de meu irmão, pelo sentimento de abandono em relação ao meu pai, pela minha frustração em não ter sido mais presente ou amoroso com meu irmão, por uma crise institucional que não poderia mudar. Fui ao fundo do poço, pensei em tirar a minha própria vida para acabar com a dor. Enxergar a possibilidade de que, dali para a frente, poderia fazer diferente foi o que me reergueu.

Quando ocupamos a cabeça com coisas produtivas e prósperas, os problemas ficam em segundo plano, pois procuramos soluções para não voltar a eles. Foi exatamente esse o significado deste livro: em vez de apenas chorar a morte de meu irmão, decidi que faria algo bonito em sua memória, e estou vivendo minha vida de uma forma que nunca imaginei!

Por isso, gostaria de lhe propor um desafio! Existe alguma relação em sua vida em que deva fazer algo diferente? Há alguma situação que deixa de lado e depois fica se pegando em devaneios? Existe alguém especial que ama e há tempos não diz para ele? Desafio você a pegar uma dessas situações, sejam situações ou uma pessoa, e fazer algo, pois amanhã pode se arrepender de não ter feito!

Sinto de coração que, ao terminar esta longa e desafiante escrita, minhas últimas palavras devem ser direcionadas a pessoas especiais em minha vida. Pai, como lhe disse quando estivemos juntos em 2010: perdoe-me de coração por minhas falhas, seja nesta vida ou em outras que tenhamos passado juntos! Serei eternamente grato pelo Senhor ter me dado uma vida e a oportunidade de eu também ser pai! Obrigado!

Minha mãe! Sempre um exemplo a ser seguindo perante minha visão de filho, muito correta no trabalho e na vida particular, exemplo de profissional e uma mãe ímpar. Neste ponto, agradeço do fundo do meu coração por ter cuidado de mim no momento em que mais precisei. Muito obrigado pelas orientações, enfim, obrigado pela vida! Amo você!

Pedro e Laura, meus filhos! Vocês dois não fazem ideia de quanto eu os amo e são importantes para mim. Tê-los em minha vida, desde 2002 e 2008, mudou tudo para melhor. Ser o pai de vocês é de uma força incomensurável.

Nunca vou me esquecer de tudo o que já vivemos juntos, e poder observar o crescimento de ambos é algo que me deixa louco de amor, mas saudoso nos sentimentos, pois vejo que não são mais meus pequenos, mas que estão crescendo, em busca de seu espaço neste mundo, e aqui desejo-lhes toda a sabedoria, saúde e amor na vida de cada um, meus filhos Pedro e Laura.

Eu os amo de uma forma incrível, aceito e aprendo com vocês diariamente, em todas as nossas interações, até mesmo no silêncio que por algumas vezes existe entre nós. Nunca me esquecerei de todos os dias que os coloquei para dormir, nem de cobri-los com muito amor, de dar um beijo de boa noite e de sentir no coração que vão descansar para viver mais um dia, o que, para mim, é o momento mais especial.

Aproveitarei vocês da melhor maneira que puder e se sentirem que posso fazer mais pelos dois, por favor, me ajudem a entender isso!

Quando eu não estiver mais aqui, tenham certeza por meio desta frase de que o papai os amou da maneira mais tola e imensa possível!

Pedro, Eu e Laura no aniversário
de seis anos da Laura, 2014.

23

A MORTE NÃO É NADA

A MORTE NÃO É NADA
(POEMA DE SANTO AGOSTINHO)

A morte não é nada.
Eu somente passei para o outro lado do Caminho.

Eu sou eu, vocês são vocês.
O que eu era para vocês, eu continuarei sendo.

Me deem o nome que vocês sempre me deram,
falem comigo como vocês sempre fizeram.

Vocês continuam vivendo no mundo das criaturas,
eu estou vivendo no mundo do Criador.

Não utilizem um tom solene ou triste,
continuem a rir daquilo que nos fazia rir juntos.

Rezem, sorriam, pensem em mim.
Rezem por mim.

Que meu nome seja pronunciado como sempre foi,
sem ênfase de nenhum tipo.
Sem nenhum traço de sombra ou tristeza.

A vida significa tudo o que ela sempre significou,
o fio não foi cortado.
Por que eu estaria fora de seus pensamentos,
agora que estou apenas fora de suas vistas?

Eu não estou longe,
apenas estou do outro lado do Caminho...

Você que aí ficou, siga em frente,
a vida continua, linda e bela como sempre foi.

24

QUARENTA ANOS DE VIDA!

Fotos são importantes porque por meio delas a felicidade é lembrada, não apenas experimentada nestes meus 40 anos de vida!

No Morumbi assistindo ao jogo do SPFC, 2011.

Camilla, Daniela, Cristina e Laura aguardando um show e noite de autógrafos do Chandra Lacombe, 2012.

Pedro, Daniela e Laura no gramado de uma igreja em Sorocaba, 2013.

Pedro caminhando em Juquitiba, 2009.

Pedro e Laura dando um "oi" para a mãe Daniela que estava viajando pela Europa, 2013.

Laura, Camilla, Cristina, Daniela e Vera na noite de ano novo em Alphaville, 2013.

Laura, Eu, Emmanuela, Júnior em Juquitiba, 2010.

Laura ameaçando engatinhar, 2008.

Dani, eu e Pedro, aniversário de 2 anos, 2004.

Laura, em casa, 2010.

Pedro e Daniela em Balneário Camboriú, 2013.

Laura, Daniela e Pedro no aniversário de seis anos da Laura.

Laura em 2013 na festa de *halloween* em Alphaville.

Ryan e Cristina na Disney, 2016.

Ryan e eu no aniversário de um ano em Alphaville, 2015.

Cristina, Andrew e Ryan no aniversário de um ano em Alphaville, 2015.

Andrew e Ryan na Califórnia, 2014.

Daniela, Eu e Laura no gramado de uma igreja em Sorocaba, 2013.

Pedro, Eu e Laura no dia do meu aniversário, com os depoimentos para este livro, 2017.

Eu e João nos preparativos para este livro, 2017.

Daniela e eu no Jardim Botânico de Curitiba, 2013.

Júnior, minha mãe e eu na noite do Natal, nossa última foto juntos, 2013.

Júnior e Laura em Curitiba, 2009.

Pedro, Júnior e Laura, Curitiba, 2009.

Pedro e Laura em uma loja de esportes, 2010.

Pedro e eu, em Sorocaba, 2013.

Vera, Laura, Francisco e Pedro em Alphaville, 2016.

Pedro e Laura no Nordeste, 2012.

Eu, Dona Wanda e Daniela no Natal, 1998.

Camilla, Cristina e Daniela em Alphaville. Cristina já estava grávida do Ryan, 2013.

Eu e o instrutor de paraquedismo, 2000.

Pedro, Daniela, eu e Marlene em Aparecida do Norte, 2006.

Júnior e Marlene em Curitiba, 2002.

Francisco, Vera, Cristina, Júnior, eu, Pedro, Daniela Carol, Daisy, Marlene e Argento no batizado do Pedro. Cristina e Júnior são os padrinhos do Pedro de batizado, 2011.

Laura e Pedro em São Paulo, 2008.

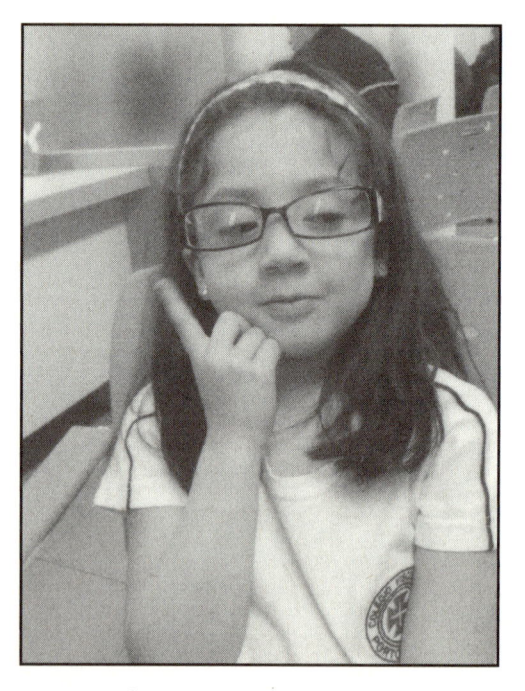

Laura imitando a mãe, 2012.